수학 잘하는 초등학생들의 77가지 비법

수학 잘하는 초등학생들의 77가지 비법

2013년 1월 10일 초판 1쇄 펴냄 · 2019년 3월 2일 초판 6쇄 펴냄

펴낸곳 | (주)꿈소담이
펴낸이 | 김숙희
글 | 김수경
그림 | 김창호

주소 | (우)02835 서울시 성북구 성북로 66 성북동빌딩 3층 302호
전화 | 747-8970
팩스 | 747-3238
등록번호 | 제6-473호(2002. 9. 3)

홈페이지 | www.dreamsodam.co.kr
북카페 | cafe.naver.com/sodambooks
전자우편 | isodam@dreamsodam.co.kr

ISBN 978-89-5689-854-4 64000
 　　　978-89-5689-853-7 (세트)

* 책 가격은 뒤표지에 있습니다.
* 꿈소담이의 좋은 책들은 어린이와 세상을 잇는 든든한 다리입니다.

* 222쪽 그림: Getty Images / 멀티비츠 © Albert Klein

수학 잘하는 초등학생들의 77가지 비법

김수경 글 | 김창호 그림

소담 주니어

생각에 빠지는 즐거움만 알면
수학은 저절로 척척!

부스스한 머리에 연필을 손에 쥐고, 눈에 띄는 종이마다 가득 수식을 적어 넣으며 잔뜩 계산을 해 대는 사람이 있어요. 가끔 고개를 들고 무슨 생각에 잠기는지, 눈빛은 어디 먼 곳을 바라보는 것만 같아요. 대체 무엇을 하는 사람일까요?

천재 아니면 수학자이기 쉽지요. 수학자들은 그토록 빠져 버릴 만큼 수학을 좋아한답니다.

수학 공부는 그런 유별난 사람들만 하면 될 텐데, 왜 우리 모두 수학 때문에 고생을 해야 할까요?

세상은 수학으로 가득 차 있고, 수학은 바로 생각하는 연습이기 때문이에요.

"수학은 까다롭고 어렵고 재미없다."

이렇게 생각하나요?

그런데 수학은 누워서도 할 수 있고, 눈을 감고서도 할 수 있는 것이랍니다. 머릿속에서 숫자와 함께 마음껏 상상의 날개를 펼치고, 자연과 세상의 모양들을 보며 그 법칙을 묻는 것이니까요.

생각에 빠지는 즐거움을 느껴 봐요. 머릿속에서 절로 깨닫는 즐거움을 느껴 봐요. 수학이 얼마나 재미있는지 알게 될 거예요.

즐거움을 느끼며 공부하는 법만 안다면 학교 시험쯤은 아무것도 아니랍니다. 과학자의 꿈도, 수학 천재가 되는 일도 멀지 않아요.

이 책을 읽으며 생각하는 즐거움을 찾아낼 수 있으면 좋겠어요. 수학과 친해졌으면 좋겠어요.

수학에 어려움을 느끼는 친구들이 있을까 봐 77가지 골목길을 준비해 놓았어요. 골목길을 누비는 동안 친구들이 수학을 쉽게 이해하게 되어서, 공부에 도움이 되기를 바랄게요.

김수경

차례

수학을 잘하고 싶은가요? 왜 잘하고 싶죠?

수학이든 피아노든 축구든 무언가를 잘하고 싶을 때는 이유가 있을 거예요. 남보다 뛰어난 솜씨를 발휘하고 싶다거나, 재미가 있다거나, 그것을 하고 있을 때 아주 빠져들게 된다거나. 무언가를 잘하고 싶을 때는 먼저 '내가 왜 이걸 잘하고 싶어 하지?' 하고 생각해 보는 게 좋아요. 목표가 있으면 잘하게 되는 일이 더 쉬워지니까요.

'수학은 배워서 어디에 도움이 되는 걸까?', '내가 왜 수학공부를 해야만 하는 걸까?' 하고 자기 자신에게 먼저 물어봬요.

그런데 정말, 수학은 대체 왜 배우는 걸까요?

살아가면서 숫자를 배우지 않고 사는 사람은 없답니다. 하나, 둘, 셋, 수를 세는 방법은 말을 배우는 것처럼 나이가 어느 정도 되면 조금씩 자연스럽게 익히게 되니까요. 처음에는 그것이 무척 낯설고 어려워 보일지 몰라도 금방 익숙해져요. 덧셈, 뺄셈, 곱셈, 나눗셈도 마찬가지랍니다. 그럼 계산을 하기 위해 수학을 배우는 걸까요?

수를 세고 셈하는 것이 수학의 전부는 아니랍니다. 수학 공부를 하는 것은 머리가 좋아지게 연습하는 것이기도 해요. 수학 공부를 할 때 우리는 노래를 부르거나 말을 할 때와는 다른 쪽 머리를 쓴답니다. 수학을 열심히 공부하면 논리적으로 생각하는 힘과 공간을 이해하는 힘, 판단하는 힘 등이 길러지게 돼요. **수학은 생각하는 법을 익히는 공부예요.** 계산만 하는 공부가 아니랍니다.

　과학자가 되고 싶은 친구들은 특히 수학을 잘해야 해요. 수학은 과학을 공부하기 위해 꼭 필요한 바탕 공부거든요. 그래서 '수학은 과학의 언어'라고 말한답니다. 말과 글을 모르면 책을 읽을 수 없지요. 수학 공부를 하기 싫다면 과학자가 되는 꿈은 접어야만 해요. 과학은 수학이라는 말로 쓰여 있거든요.

　수학은 아주 재미있는 게임이기도 해요. '이거 한번 해 볼래?' 하고 우리의 도전을 기다리고 있는 게임이지요. 문제를 풀어 답이 맞았을 때는 게임에서 이겼을 때처럼 상쾌한 기분이 든답니다.

　다시 한번 물어봐요. '나는 왜 수학을 잘하고 싶은가.' 그리고 잘하기 위한 목표를 세워요. 수학이 멋진 길을 열어 줄 거예요.

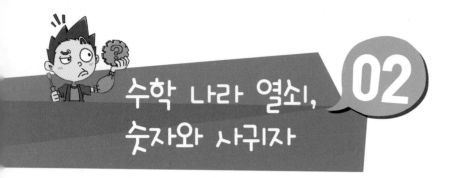

수학은 수로 이루어져 있어요. 그래서 이름도 수학이지요. 숫자와 친해지면 수학 나라에 성큼 발을 들여놓을 수 있어요.

세상에는 수를 아름답다고 여기고 숫자를 평생 친구로 삼은 사람들이 많이 있었답니다. 고대 그리스의 수학자 피타고라스는 세상 모든 것이 수로 이루어져 있다고 생각했어요. 1은 신, 2는 여자, 3은 남자를 상징한다고 보기도 했지요. 2+3=5니까 5는 결혼이라고 생각했대요.

또 피타고라스는 늘 숫자와 함께 지내다가 직각삼각형을 만들 수 있는 수의 비율인 3 : 4 : 5를 찾아내기도 했어요. 길이가 각각 3, 4, 5인 막대기를 붙이면 언제나 직각삼각형이 된답니다. 이렇게 직각삼각형을 만드는 비를 '피타고라스의 정리'라고 하지요.

"피타고라스는 정말 이상한 사람이다. 수가 뭐가 아름답고 재미있냐?"

이렇게 생각한다면 다음 계산을 한번 보세요.

$$1 \times 1 = 1$$
$$11 \times 11 = 121$$
$$111 \times 111 = 12321$$

$$1111 \times 1111 = 1234321$$

$$11111 \times 11111 = 123454321$$

$$111111 \times 111111 = 12345654321$$

$$1 \times 9 + 2 = 11$$

$$12 \times 9 + 3 = 111$$

$$123 \times 9 + 4 = 1111$$

$$1234 \times 9 + 5 = 11111$$

$$12345 \times 9 + 6 = 111111$$

$$123456 \times 9 + 7 = 1111111$$

$$1234567 \times 9 + 8 = 11111111$$

$$12345678 \times 9 + 9 = 111111111$$

어때요? 숫자가 노래하는 것 같죠? 정말 신기한 계산이에요.

"저 많은 1은 다 어디서 나온 걸까? 나머지 수는 어디로 숨어 버린 거지?"

호기심이 생겼다면 신비한 수와 사귀어 봐요. 수는 많은 비밀을 지닌 재미있는 친구와도 같아요. 그 친구와 사귀면서 비밀을 내게만 알려달 라고 귀를 내밀어 봐요. 숫자가 우리를 수학 나라로 이끌어 줄 거예요.

03

숫자를 가지고 놀아 볼까?

구구단을 배울 때 제일 외우기 힘들었던 게 몇 단이었어요? 9단이 가장 높으니까 아무래도 9단이 어려웠나요? 하지만 9단을 가만히 들여다 봐요. 알고 보면 아주 외우기 쉽답니다.

9 × 1 = 9

9 × 2 = 18

9 × 3 = 27

9 × 4 = 36

9 × 5 = 45

9 × 6 = 54

9 × 7 = 63

9 × 8 = 72

9 × 9 = 81

9단의 답으로 나온 수들을 봐요. 일의 자리가 9, 8, 7, 6, 5, 4, 3, 2, 1 차례로 하나씩 줄어들고 있어요. 십의 자리는 1, 2, 3, 4, 5, 6, 7, 8로 하나씩 늘어나고 있지요.

또 신기하게도 9, 18, 27, 36, 45, 54, 63, 72, 81은 모두 각각 일의 자릿수와 십의 자릿수를 더하면 9가 되는 수들이에요. 9단은 구구단 중에서도 아주 규칙적인 리듬을 타는 단이랍니다.

곱셈 계산을 하다가 재미있는 답이 나오면 왠지 몰라도 기분이 좋지요.

$$37 \times 3 = 111$$

$$74 \times 6 = 444$$

$$123 \times 271 = 33333$$

$$239 \times 4649 = 1111111$$

힘들게 계산을 하고 나서 이런 답이 나오면 기분이 얼음물을 마신 것처럼 시원해져요.

좀 더 멋진 계산 한번 보여 줄까요?

다음 쪽을 보세요.

숫자가 너무 커서 직접 곱셈을 하기는 힘들 거예요. 믿어지지 않는다면 계산기로 확인해 봐도 좋아요.

12345679 × 9 = 111111111

12345679 × 18 = 222222222

12345679 × 27 = 333333333

12345679 × 36 = 444444444

12345679 × 45 = 555555555

12345679 × 54 = 666666666

12345679 × 63 = 777777777

12345679 × 72 = 888888888

12345679 × 81 = 999999999

가운데 있는 숫자들이 구구법 9단의 답이라는 것은 벌써 눈치챘죠? 정말 멋진 9단의 변신이에요.

이보다 더 멋진 계산이 있는지 직접 찾아 봐요. 구구법도 이리저리 뜯어보고 여러 숫자로 곱셈을 해 봐요. 1, 2, 3, 4, 5, 6, 7, 8, 9, 0이라는 열 개의 수로 멋진 셈을 만들어 봐요. 숫자를 가지고 놀다 보면 나도 모르는 사이에 곱셈 실력이 부쩍 늘어 있을 거예요.

난 원시인 통통!

서라!

내가 내는 문제를 풀어야만 다리를 건널 수 있다!

으악! 괴물이닷!

자! 이것들의 공통점은 뭐냐?

호랑이

뱀

사과

돌

사과와 호랑이와 뱀과 돌이라…

도대체 무슨 공통점이 있다는 거야?

저기, 혹시 술 담그는 재료인가요?

땡! 아하하! 바보! 돌로 어떻게 술을 담그냐?

아우!

공통점은 5다 5! 수가 같잖아!

엥? 5라고요? 수요? 그게 뭔데요??

원시인 통통은 아무래도 무사히 다리를 건너기가 힘들 것 같네요. 수를 이해하지 못하니까요.

사과가 다섯 개든, 호랑이가 다섯 마리든, 벼락이 다섯 번 치든 상관 없이 우리는 언제나 '5'라는 수로 표시해요. 사과와 호랑이와 벼락은 서로 다르지만, 개수나 횟수가 같기 때문이에요. 요즘 사람들에게는 너무나 당연한 이야기지만, 수가 없는 세상에 살던 옛날 사람들은 이해하기 어려웠답니다.

"도대체 호랑이와 벼락이 어디가 같다는 거야?"

이렇게 마구 따지고 들지도 몰라요. 그럴 땐 이렇게 대답해 줘요.

"벼락 한 번 칠 때마다 호랑이가 한 마리씩 죽는다고 해 봐요. 그럼 벼락이 다섯 번 치면 호랑이 다섯 마리가 모두 죽고 없겠죠? '수'가 같기 때문이에요."

수를 만든 원리, 첫 번째는 바로 이것이에요.

호랑이든 뱀이든 양파든 파리든 상관없이
다섯 개 있으면 '5'라는 수로 나타낸다.

세상에서 제일 큰 수는 무엇일까요?

1억? 1조?

둘 다 틀렸어요. 2억도 있고, 900억도 있어요. 또 10조도 있고, 999조도 있잖아요. 아무리 큰 수를 말한다고 해도 그보다 더 큰 수가 반드시 있어요. 옛날 사람들은 아주 큰 수를 '무량대수'라고 불렀어요. 그건 1자 뒤에 0이 무려 68개나 붙은 수를 말해요.

하지만 그렇게 큰 수인 무량대수도 제일 큰 수는 아니에요. 세상에서 제일 큰 수는 찾을 수가 없답니다. 수는 끝도 없이 계속돼요.

그런데 아무리 큰 수도 종이에다 써 보라고 하면 신기하게도 1, 2, 3, 4, 5, 6, 7, 8, 9, 0이라는 열 개의 숫자로 다 쓸 수 있어요. 십진법 덕분이에요.

9보다 하나 더 큰 수를 쓰려면, 자리를 하나 높이면 되지요. 10이 모이면 한 자리씩 높아지는 이 방법을 십진법이라고 해요. 십진법 덕분에 우리는 열 개의 숫자만으로 수를 끝없이 계속 쓸 수 있답니다.

옛날에 수를 셀 때 사람들은 늘 손가락을 꼽으며 셌어요. 그래서 숫자를 만들 때에도 10을 기준으로 한 거예요. 사람 손가락이 열 개니까요.

수를 만든 원리, 두 번째는 바로 이것이에요.

사람 손가락이 열 개라서 십진법을 쓴다.
수는 '10'이 채워지면 한 자리 올라간다.

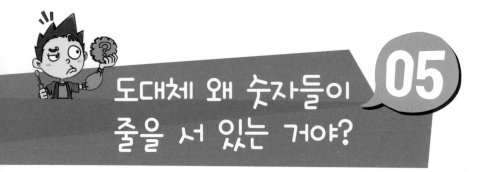

05

도대체 왜 숫자들이 줄을 서 있는 거야?

화장실 앞에 길게 줄 서 있는 사람들은 뭘 하려는 걸까요? 화장실에 볼일 보러 온 사람들이겠죠. 극장 매표소 앞에 줄 서 있는 사람들은? 물론 영화를 보러 온 사람들일 거예요.

모든 줄에는 이유가 있어요. 사람들이 심심하다고 줄을 서는 경우는 없잖아요. 숫자가 줄을 서 있을 때에도 마찬가지예요. 숫자들도 심심해서 줄을 서는 게 아니랍니다. 이유 없는 줄은 없어요.

줄 서 있는 숫자들이 나올 때는 언제나 그 수들이 줄 서 있는 이유를 생각해 봐요. 규칙을 찾아내는 거예요.

□ 안에 어떤 수가 들어가야 할까요? 줄 서 있는 이유를 찾아 봐요.

| 7 | 10 | □ | 16 | 19 | 22 | 25 | 28 | □ |

답은 13과 31이에요. 7부터 시작해서 3씩 더해 간 것이지요.

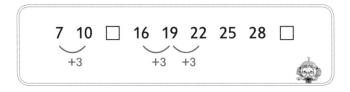

자, 이번엔 좀 더 어려운 문제에 도전해 봐요.

문제

□ 안에 들어갈 수는 무엇일까요?

1   2   □   8   16   □   64

줄 서 있는 숫자들에는 분명 이유가 있으니까 잘 생각해 봐요.

앞과 뒤의 숫자가 어떤 관계일까 살펴서 규칙을 찾아내는 거예요.

규칙을 찾았나요?

답은 4, 32예요.

앞의 숫자에 2를 곱하면 다음 숫자가 나오지요.

□를 제외하고
나란히 있는 숫자
사이에 어떤 규칙이
있는지 살피면 되지!

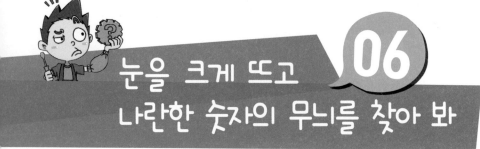

눈을 크게 뜨고 나란한 숫자의 무늬를 찾아 봐

06

수학 문제를 풀 때 무작정 계산만 하지 말아요. 숫자도 그림처럼 모양으로 생각해 봐요. 무늬를 들여다보듯 눈으로 보고 풀 수 있어요.

자주 거는 번호에 전화를 할 때, 어떤 때는 숫자를 자세히 안 보고 위치만 보고 누르기도 하지요? 눈이 숫자의 위치를 기억하고 있는 거예요.

숫자를 눈으로 보는 연습을 하면, 왼쪽 뇌와 오른쪽 뇌가 균형을 이루어서 머리가 좋아진답니다. 수를 셀 때도 이렇게 해 봐요. 한 번은 하나, 둘, 셋, 손가락을 꼽으며 세는 거예요. 또 한 번은 소리 내지 말고 머릿속에서 숫자 카드를 한 장 한 장 넘기듯 수를 보는 거예요.

눈으로 숫자를 보는 연습을 했다면, 이제 문제를 풀어 봐요.

문제

□ 안에 어떤 수가 들어가면 될까요?

1 1 2 1 1 2 3 2 1 1 2 3 4 3 2 1 □

잠깐! 아직 답을 보지 말고 조금만 생각해 봐요. 계산하려 하지 말고 눈으로 모양을 잘 살피는 거예요.

답은 1이랍니다.

이렇게 무늬처럼 만들어 보면 금방 알 수 있어요.

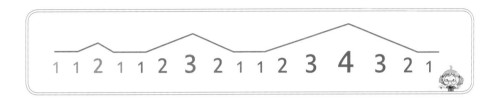

노래를 부르는 것처럼, 산을 오르락내리락 하는 것처럼 무늬가 생겼어요. 산이 점점 높아지고 있죠? 그러니까 그 다음엔 1 2 3 4 5 4 3 2 1 이 나올 차례이지요.

꼭 연습해 봐요. 숫자를 세지만 말고 그림처럼 눈으로 보는 거예요.

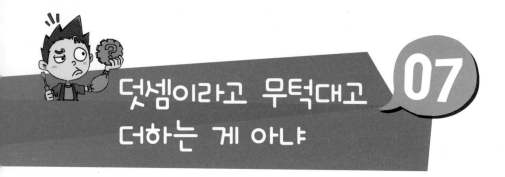

덧셈이라고 무턱대고 더하는 게 아냐

"곱셈, 나눗셈도 다 아는데, 덧셈쯤이야 자신 있지!"

어깨를 으쓱거리고 있나요? 하지만 덧셈이 무턱대고 더하기만 하는 건 아니에요. 덧셈 안에는 많은 것들이 들어 있어요.

$$3 + 3 + 3 + 3 + 3 + 3 + 3 =$$

이것도 분명 덧셈이지요. 이 계산은 어떻게 하면 좋을까요? 모양은 분명 덧셈이지만 이 셈은 곱셈으로 하는 것이 훨씬 더 빨라요. 3을 7개 더하는 것이니까 3×7=21이 되지요. 때로는 덧셈이 곱셈으로 변신한답니다.

이 계산은 어떻게 하면 좋을까요?

$$1 + 2 + 3 + 4 + 5 + 6 + 7 + 8 + 9 + 10 =$$

하나씩 차례대로 더해도 답은 나오겠지만 더 쉬운 방법이 있어요.

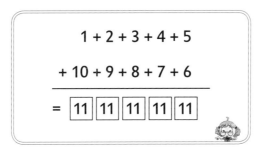

$$1 + 2 + 3 + 4 + 5$$
$$+ 10 + 9 + 8 + 7 + 6$$
$$= \boxed{11}\,\boxed{11}\,\boxed{11}\,\boxed{11}\,\boxed{11}$$

이렇게 줄을 바꿔 쓴 다음에 위아래 숫자끼리 더하는 거예요. 그러면 모두 11이 나오지요. 11이 5쌍 나와요. 11×5=55, 금방 답을 구할 수 있지요?

이 방법은 천재 수학자 가우스가 초등학교에 다닐 때 알아낸 것이랍니다. 가우스의 수학 선생님이 1부터 100까지 더하라는 문제를 냈어요. 그때 가우스는 1부터 100까지 차례대로 더하는 건 너무 따분하고 재미없다고 생각했어요. 그래서 좀 더 편리한 방법이 없을까 궁리했답니다. 방법을 알아낸 가우스가 1부터 100까지 더하는 데는 10초도 안 걸렸지요.

쉬운 덧셈이라도 무턱대고 더하지만 말아요.

'조금 더 쉽고 재미있고 편리한 길이 없을까 궁리하는 것.'

그것이 바로 수학 공부랍니다.

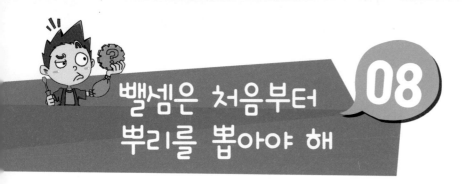

뺄셈은 처음부터 뿌리를 뽑아야 해

선생님이 칠판에 이렇게 썼어요.

257893 − 178625 =

"악, 골치 아파. 이렇게 복잡한 뺄셈을 어떻게 해요?"

"올챙이 시절을 잊지 않은 개구리라면 얼마든지 풀 수 있단다."

선생님은 알듯 말듯 묘한 말만 남기고 나가 버리셨어요. 우리를 골탕 먹이려고 하시는 걸까요? 올챙이라뇨?

13−5를 계산하는 법은 알고 있나요? 13−5를 어떻게 하는지 안다면, 그보다 더 큰 수 뺄셈도 문제없어요. 단지 여러 번 해야 할 뿐이랍니다. 방법은 똑같아요.

뺄셈이 어려운 건 받아내림 때문이에요. 13−5에도 받아내림이 필요해요. 일의 자리를 계산하려니 3에서 5를 빼기에 모자라요. 십의 자리에서 받아내려야만 계산할 수 있어요. 선생님이 말씀하신 올챙이는 바로 '13−5를 받아내려 계산하는 법'이에요.

큰 수 뺄셈이 개구리예요. 십의 자리에서 일의 자리로 받아내릴 수 있다면, 백의 자리에서 십의 자리로, 천의 자리에서 백의 자리로, 만의 자리에서 천의 자리로 받아내리는 것도 할 수 있어요. 올챙이 시절만 잊지 않았다면 말이에요.

받아내림이 있는 **뺄셈**을 할 때는 언제나, 처음 수를 배울 때 익혔던 수 모형을 머리에 떠올려요.

1이 열 개면 10, 10이 열 개면 100이에요.

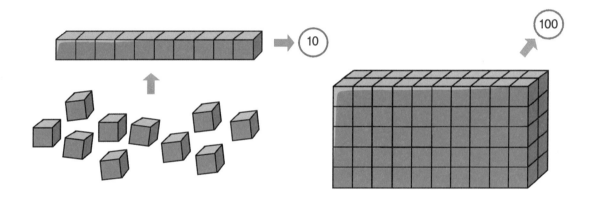

일의 자리가 모자라면 십의 자리에서 10 하나를 가져와요. 10 모형을 낱개로 흩뜨리는 거예요. 십의 자리가 모자라면 백의 자리에서 100 하나를 가져와 10짜리 열 개로 흩뜨려요.

한 단계, 한 단계 올라가도 똑같아요.

모자라면 더 높은 자리에서 하나를 가져와 열 개로 흩뜨리는 거예요.

올챙이가 자라서 개구리가 되는 것처럼 두 자리 뺄셈이 자라서 열 자리 뺄셈이 된답니다. 처음 배운 뺄셈을 기억한다면 어떤 뺄셈도 할 수 있어요. 그러니 뺄셈은 처음에 뿌리를 단단히 뽑아야 해요.

뺄셈 뿌리가 제대로 뽑혔으면 선생님이 남기고 간 계산을 해 봐요. 이제는 잘할 수 있을 거예요.

난 네 나이 때 열 자리 뺄셈을 했다고.

개구리 올챙이 적 생각 못 한다는 속담은 맞는 말이로다….

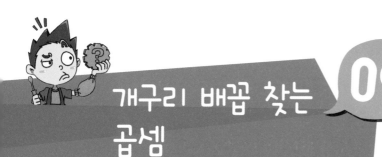

개구리 배꼽 찾는 곱셈

09

토끼의 귀는 2개, 자동차 바퀴는 4개, 일주일은 7일…….

이렇게 묶음으로 되어 있는 것들을 셈할 때 우리는 곱셈을 해요.

자동차 두 대의 바퀴를 세려고 하는데 바퀴 하나씩 따로따로 세는 건

바보 같은 일이지요. 곱셈을 하면 훨씬 빨라요.

묶음이 나오면 언제나 곱셈을 떠올려요.

구구단을 외울 때도 묶음을 떠올리며 외워 봐요. 2단을 외울 때는, 토끼가 한 마리씩 늘어날 때마다 귀는 몇 개씩 늘어나는지 생각해요. 3단은 신호등을 떠올려요. 4단은 자동차 바퀴, 5단은 손가락을 떠올리면 되지요.

곱셈이 묶음이라는 것을 기억해 두면, 혹시라도 구구단을 깜박 잊었을 때에도 걱정이 없답니다.

 개구리가 열 마리 있어요. 개구리의 배꼽은 모두 몇 개일까요?

열 개? 아니랍니다. 개구리는 배꼽이 없어요. 알에서 태어나기 때문이지요. 배꼽은 젖먹이 동물에게만 있는 거예요. 그러니까 개구리 백 마리가 있다 해도 배꼽은 하나도 없답니다.

곱셈식으로 나타내면, 10×0=0이 되는 거예요.

없는 것은 아무리 여러 번 곱해도 여전히 없겠지요. 0을 곱할 때는 개구리 배꼽을 떠올려요.

몇 번을 곱해도
없는 건
없는 거라우….

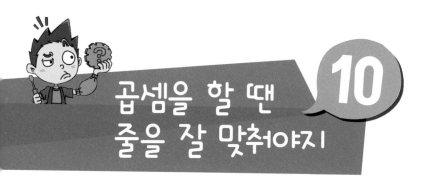

곱셈을 할 땐 줄을 잘 맞춰야지

구구단을 외운 다음부터 우리는 곱셈을 쉽게 할 수 있게 되었어요.

2×4=8, 3×5=15. 이사팔, 삼오십오……. 자동으로 입에서 흘러나오지요.

그런데 구구단에 나오는 곱셈만 한다면 어려울 것 하나 없을 텐데, 문제는 두 자리, 세 자리 곱셈이 계속해서 나온다는 거예요. 점점 머리가 복잡해지죠. 복잡한 곱셈에서도 실수하지 않기 위해서는 처음부터 줄을 잘 맞춰야 해요.

우리는 곱셈을 쉽게 하기 위해서 세로로 써서 계산하는 법을 배웠어요.

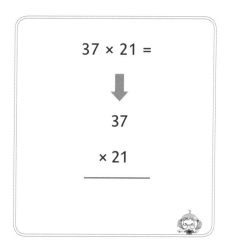

그런데, 세로로 곱셈을 하다 이런 실수를 한 적은 없나요?

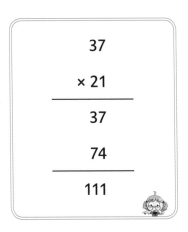

어디가 틀렸죠?

줄을 잘못 맞추었지요. 74 뒤에 한 칸을 비워 두지 않았어요. 제대로 하다면 이렇게 써야 하지요.

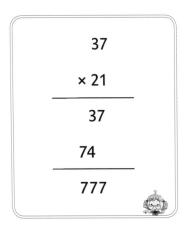

"그러고 보니, 궁금한데요? 왜 74 뒤에는 한 칸을 비워 두는 거예요? 37과 같은 줄에 맞추면 왜 안 돼요?"

그냥 그렇게 배웠기 때문이라고 생각한다면, 수학을 잘할 수 없어요. 수학은 언제나 이유를 확실히 알고 넘어가야만 잊어버리지도 않고, 실수하지도 않는답니다.

도대체 왜 그 자리는 비워 두는 것일까, 곰곰이 생각해 보아요.

비어 있는 자리에는 사실 0이 숨어 있지요. 단지 0을 쓰지 않았을 뿐이에요. 그럼 왜 0이 숨어 있을까요?

그건 두 번째 줄을 계산할 때에는 37×2가 아니라 37×20을 계산하는 것이기 때문이에요.

21은 '이일'이 아니라, '이십일'이지요. 21에 쓰여 있는 2는 20이라는 얘기예요. 어느 자리에 있느냐에 따라서 숫자의 값은 달라지잖아요.

> 어느 자리에 있느냐에 따라 숫자값이 달라진다.

아주 중요한 이야기예요. 숫자는 자리에 따라 값이 다르므로 곱셈을 할 때에도 그걸 잊어버리면 안 되지요.

37×21을 계산하는 건, 37×20과 37×1을 계산하는 것이에요.

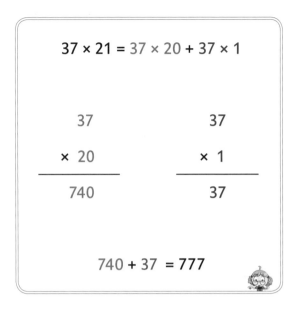

$$37 \times 21 = 37 \times 20 + 37 \times 1$$

$$
\begin{array}{r}
37 \\
\times\ 20 \\
\hline
740
\end{array}
\qquad
\begin{array}{r}
37 \\
\times\ 1 \\
\hline
37
\end{array}
$$

$$740 + 37 = 777$$

앞의 세로 계산과 비교해 보세요.

곱셈을 할 때 필요한 건 구구법만이 아니랍니다.

숫자의 자릿값을 잊지 말아야 해요. 자릿값을 안다면 줄맞추기를 잊지 말아야 한답니다.

'줄맞추기를 잘 해야지' 하고 마음먹는 것만 중요한 게 아니라, '왜 줄을 맞추어야 하는지'를 잘 알아 둬야 해요. 그래야 줄을 맞춰야 한다는 사실을 절대 잊지 않을 테니까요.

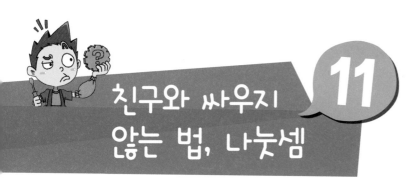

친구와 싸우지 않는 법, 나눗셈

11

 16개의 사탕이 있어요. 이 사탕을 4명의 친구들이 나누어 먹으려고 합니다. 어떻게 나누어 먹으면 될까요?

"나는 10개 먹을래요. 남은 6개로 3명의 친구들이 2개씩 먹으면 되겠네요."

똘이의 대답이에요.

'이게 무슨 나눗셈이야? 이런 한심한 대답이 어디 있어?'

이렇게 생각하고 있죠?

그렇지 않아요. 똘이의 대답은 틀린 데가 없어요. 오히려 문제를 낸 선생님에게 잘못이 있지요.

무엇이 잘못되었을까요? '똑같이' 나누어 먹으라는 말을 하지 않은 거예요. '똑같이'라는 말이 없다면 어떻게 나누어 먹든 똘이와 친구들 마음대로이죠.

책에서 나눗셈 문제들을 찾아 잘 살펴봐요. '똑같이'라는 말이 문제에 꼭 들어 있을 거예요.

나눗셈은 '똑같이' 나누는 걸 말해요. 사이좋은 친구들이 사탕을 나

누어 먹는 경우이지요. 똑같지 않게 나누는 방법은 너무나 많은 경우
가 있답니다.

10	2	2	2
7	3	3	3
1	5	5	5
2	2	6	6

→ 16개의 사탕을 똑같지 않게
나누어 먹는 경우들

이 밖에도 아주 많은 방법들이 있어요. 욕심쟁이 친구들이 사탕을
나누어 먹는 경우에 대해서는 고등학교에 가서 배운답니다. 초등학교
때 배우는 나눗셈은 사이좋은 친구들이 '똑같이' 나누어 가지는 경우
일 뿐이에요.

"어? 근데 다음 문제에는 '똑같이'라는 말이 없어요. 어떻게 된 거예
요?"

문제 체육 시간에 21명의 학생이 3명씩 한 모둠이 되어 공놀이를 하려고 합니
다. 모두 몇 모둠이 만들어지는지 알아보세요.

아주 좋은 발견을 했어요. 이 문제에는 '똑같이'라는 말이 들어 있지 않네요. 그 대신에 '똑같이'라는 뜻을 가진 말이 들어 있답니다. '3명씩'에서 '씩'이라는 말이에요. '3명씩'이라고 이미 정해 놓았기 때문에 2명, 3명, 4명 마음대로 모둠을 정할 수 없지요. '씩'이란 말이 바로 '이 숫자대로만 해야 돼. 똑같이 나누라고!' 하는 뜻을 가지고 있는 거예요.

그럼 왜 '똑같이'라는 말이 들어 있는 나눗셈과 '씩'이라는 말이 들어 있는 나눗셈 문제, 두 가지가 있는 걸까요?

그건 나눗셈에 두 가지 종류가 있기 때문이에요.

> • 12개의 귤을 4사람에게 똑같이 나누어 주면 몇 개씩 주면 될까?
>
> • 12개의 귤을 3개씩 나누어 주면 몇 명에게 줄 수 있을까?

두 경우가 서로 조금 다르죠? 나눗셈에 이 두 종류가 있다는 걸 기억해 두면 어려운 문장으로 된 나눗셈 문제를 풀 때에도 끄떡없답니다. 그리고 초등학교 때 배우는 나눗셈은 모두 사이좋은 친구들처럼 똑같이 나누는 일이라는 것을 잊지 말아요.

분수가 나오면 피자를 떠올려 봐

'팔푼이'라는 말 들어 본 적 있어요? '팔푼이'는 좀 모자라는 행동을 하는 사람을 업신여겨 이르는 말이랍니다. '팔푼이'라는 건 8푼, 즉 $\frac{8}{100}$에서 나온 말이에요. 보통 사람보다 $\frac{8}{100}$쯤 모자란다는 뜻에서 나온 거예요. 한 사람 몫을 제대로 못 해낸다는 뜻이지요.

하지만 이 말은 사람을 수에 빗대어서 하는 말일 뿐이에요. 실제로는 사람을 분수로 나타낼 수는 없어요. 사람은 한 사람, 두 사람 셀 수 있을 뿐이지, $\frac{1}{2}$ 사람, $\frac{3}{4}$ 사람이란 건 없잖아요.

세상에는 분수로 만들 수 있는 것들과 분수로 만들 수 없는 것들이 있어요. 분수로 만들 수 있는 것들은 어떤 것들이 있을까요?

① 피자

② 컵에 담아 놓은 물

이 피자 $\frac{1}{3}$만 먹어야 돼.

이 물의 $\frac{1}{3}$만 마셔야지.

③ 집에서 학교까지의 거리

그럼 분수로 만들 수 없는 것들은 어떤 것들일까요?

① 사람

② 강아지

③ 컴퓨터

분수는 뭔가를 나눌 때 생기는 수랍니다. 나누어도 죽거나 망가지지 않는 것들은 분수로 만들 수 있지만, 나누었다간 죽어 버리고 망가지는 것들은 분수로 만들 수 없어요.

"피자 1개를 똑같이 3조각으로 나누었다. 1조각은 전체의 $\frac{1}{3}$ 이다."

분수는 이렇게 조각의 수를 나타내려 한 것이지요.

여기서도 나눗셈처럼 '똑같이' 나눈다는 것이 중요해요. 제멋대로 나눈다면 1조각을 수로 나타내기가 아주 어려워진답니다. 반드시 '똑같이' 잘라야 해요.

그럼, 이제 분수를 마음껏 찾아 볼까요?

① $\frac{1}{2}$

② $\frac{1}{3}$

③ $\frac{1}{4}$

④ $\frac{1}{2}$

⑤ $\frac{1}{3}$

①②③만 정답!

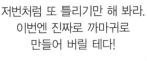

여기 편지가 날아왔어요. 똑똑한 초등학생 여러분이 좀 도와줘야겠어요. 안 그랬다간 나나는 아무래도 까마귀가 되어 나타날 것 같군요.

똑똑한 초등학생 여러분께.

제발 도와주세요. 저는 나쁜 마녀에게 붙잡혀 온갖 잔심부름을 하는 신세예요.

오늘 마녀가 이렇게 명령을 내리고 나갔어요.

"물 2동이로는 마법의 물약 $\frac{4}{5}$병을 만들 수 있다. 오늘밤에 마법의 물약 4병을 만들어야 하니까 필요한 물을 길어 놓아라. 꼭 필요한 만큼만!!"

수학 공부를 제대로 해 두지 않았더니, 저는 도무지 물을 얼마나 길어 와야 할지 계산을 할 수가 없답니다. 물을 꼭 맞게 길어 오지 않았다가는 마녀의 불호령이 떨어질 거예요. 저를 까마귀로 만들어 버릴지도 몰라요. 물은 대체 몇 동이를 길어 와야 하는 건가요?

꼭 알려 주세요.

나나로부터

쯧쯧, 우리가 계산을 해 볼까요?

마녀의 명령에는 분수가 끼어 있어서 골치가 아프답니다. 만약 문제가 다음과 같다면 걱정도 없을 텐데 말이에요.

이 정도는 식은 죽 먹기지요. 답은 8동이랍니다. 4배니까요.

하지만 우리 문제에는 분수가 끼어 있어요. 식은 이렇게 돼요.

2동이 : $\dfrac{4}{5}$병 ⟶ □ 동이 : 4병

골치 아픈 분수 '$\dfrac{4}{5}$'에 대해 잠깐 생각을 해 봐요.

$\dfrac{4}{5}$는 4를 5로 나눈 것이에요.

$4 \div 5 = \dfrac{4}{5}$

피자 4개를 5명의 친구들이 나누어 먹으려고 해요. 피자를 각각 쪼개지 않으면 똑같이 나누어 먹을 수가 없지요. 어떻게 나눌까요? 4개의 피자를 모두 다섯 조각으로 나누어서 피자 하나당 한 조각씩 먹으면 돼요.

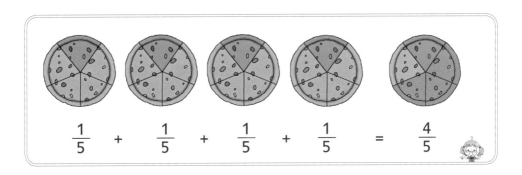

$\dfrac{1}{5}$ + $\dfrac{1}{5}$ + $\dfrac{1}{5}$ + $\dfrac{1}{5}$ = $\dfrac{4}{5}$

마법의 물약도 이렇게 생각을 해 보면 되지요.

물 2동이로 만든 물약이 4개의 병에 각각 $\frac{1}{5}$ 씩 담겨 있어요. 모두 합하면 $\frac{4}{5}$ 가 된답니다.

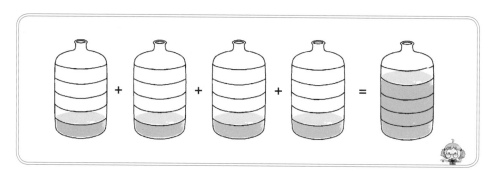

마법의 물약 4병을 만들기 위해서는 나머지를 다 채우면 돼요. 병의 나머지를 모두 채우려면 '물 2동이를 4번 더' 길어 날라야 해요.

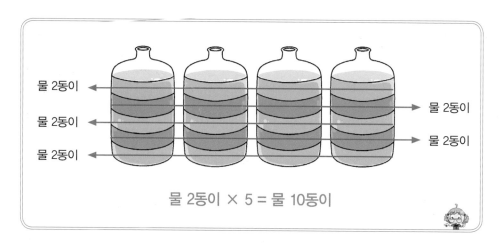

물 2동이 × 5 = 물 10동이

전부 합해서 물 10동이가 있으면 마법의 물약 병 4개를 모두 채울 수 있지요.

문제가 해결됐으니, 이제 답장을 보낼 시간이에요.

나나에게.

마법의 물약 4병을 만들려면, 물 10동이를 길어 나르면 된단다.

나눗셈을 알면 분수 계산도 쉽단다. 가르쳐 줄까?

$\frac{4}{5}$ 는 4÷5와 같아. 그러니까 계산은 이렇게 하면 돼.

2 동이 : $\frac{4}{5}$ 병

2 동이 : 4÷5 병 = □ 동이 : 4 병

이제 앞의 식의 양쪽에 똑같이 5를 곱하면 돼.

그러면 골치 아픈 분수는 마술처럼 사라져 버리지.

2×5 동이 : 4÷5×5 병 = 10 동이 : 4 병

알겠니? 앞으로는 분수 공부 좀 열심히 하렴. 까마귀가 되고 싶지 않다면 말야.

그럼 안녕.

공부 잘하는 초등학생으로부터

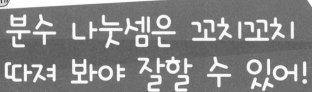

분수 나눗셈은 꼬치꼬치 따져 봐야 잘할 수 있어!

초등학교에서 배우는 수학 내용 가운데 가장 골치 아픈 걸 하나만 꼽으라면? 뭐니 뭐니 해도 분수일 거예요. 분수 계산 중에서도 가장 귀찮고 복잡한 것은? 다름 아닌 분수 나눗셈이지요.

분수 나눗셈을 뚝딱 잘하는 친구라면 수학왕이 될 자격이 있어요. 단, 계산만 잘하는 친구는 왕이 될 수 없답니다. 계산만 잘한다고 분수 나눗셈을 정복했다고 할 수는 없으니까요. 분수 나눗셈이 무엇을 뜻하는지도 알아야 해요.

자, 여기 분수 나눗셈이 있어요. 이 문제에 자신 있는 친구들은 모두 나와 봐요.

$$1\frac{3}{4} \div \frac{1}{2} =$$

"$1\frac{3}{4}$ 을 가분수로 바꾸고 $\div \frac{1}{2}$을 ×2로 바꾸어서 계산하면 돼요." 똘이가 자신 있게 대답했어요.

"맞아요. 그런데, 왜 $\div \frac{1}{2}$을 ×2로 바꾸는 거죠?"

"그거야…… 선생님이 그렇게 하라고 했으니까요."

안타깝게도 똘이는 수학왕이 될 수 없었어요. 대충 넘어가려 해선 왕이 될 수 없답니다. 반드시 이유를 따져 봐야 해요.

도대체 왜 $\div \frac{1}{2}$ 을 $\times 2$로 계산하는 걸까요?

2는 $\frac{1}{2}$ 의 역수예요. 선생님이 가르쳐 준 법칙은 이거였어요.

'♡ ÷ ☆'은 '♡ × ☆의 역수'와 같다.

$$♡ \div ☆ = ♡ \times \frac{1}{☆}$$

이 법칙은 분수 나눗셈에서만 맞는 게 아니랍니다. 어떤 나눗셈이라도 역수를 곱하는 곱셈으로 바꾸어 계산할 수 있어요. 그러니까 분수보다 쉬운 자연수를 가지고 법칙을 따져 봐요.

$$10 \div 2 = 10 \times \frac{1}{2}$$

$10 \div 2$가 5라는 것은 알고 있지요? $10 \times \frac{1}{2}$ 은 10의 $\frac{1}{2}$ 을 말하는 거니까 역시 5가 돼요.

$10 \div 2 = 10 \times \frac{1}{2}$ 이라면 $10 \div \frac{1}{2} = 10 \times 2$예요.

분수 나눗셈도 '역수를 곱하는 곱셈'으로 바꾸어 계산할 수 있는 거예요.

여기까지 이해한 친구들은 수학왕이 되는 첫걸음을 내디뎠어요. 하지만 아직도 어려운 고비가 하나 남아 있어요. 수학왕이 되고 싶지 않은 친구는 여기서 다음 쪽으로 책장을 넘겨 버려도 좋아요. 수학왕이 되고 싶은 친구는 끝까지 도전해 봐요.

어려운 고비는 '분수 나눗셈을 문장으로 된 나눗셈 문제로 바꾸기'예요. 분수 나눗셈이 무엇을 뜻하는지를 알아내는 것이지요. 세 가지 종류의 문제가 나올 수 있답니다.

종류 1 길이가 $1\frac{3}{4}$ m인 기다란 끈이 있어요. 이 끈을 $\frac{1}{2}$ m짜리 끈으로 도막 낸다면 짧은 끈은 모두 몇 도막이 될까요?

종류 2 우리 집 식탁에는 설탕이 $1\frac{3}{4}$ kg 있어요. 이것은 우리 집에 있는 설탕 전체의 $\frac{1}{2}$ 이에요. 우리 집에는 모두 몇 킬로그램의 설탕이 있을까요?

종류 3 가로의 길이가 $\frac{1}{2}$ m이고 넓이가 $1\frac{3}{4}$ m²인 직사각형 모양의 땅이 있어요. 이 땅의 세로의 길이는 몇 미터일까요?

이 세 가지 문제의 답을 구하는 식은 모두 $1\frac{3}{4} \div \frac{1}{2}$ 입니다.

좀 알 것 같나요? 모두 이해했다면 틀림없이 수학왕이 될 수 있답니다. 스스로 분수 나눗셈을 문장제 문제로 만들 수 있는 친구라면 당장 왕관을 찾으러 와도 좋아요.

혼합 계산을 할 땐 꼭 약속을 지키자!

 다음에 나오는 문장들 가운데 뜻이 서로 같은 문장끼리 짝지어진 것을 찾아 동그라미 쳐 봐요.

┌ 영이와 철수와 은하는 밤을 따러 갔다.
└ 철수와 은하와 영이는 밤을 따러 갔다.

┌ 영이와 철수는 은하를 따돌리고 둘이서 떡볶이를 사 먹었다.
└ 영이와 은하는 철수를 따돌리고 둘이서 떡볶이를 사 먹었다.

┌ 바구니에 들어 있는 사과를 세어 보니 두 개씩 세 묶음이었다.
└ 바구니에 들어 있는 사과를 세어 보니 세 묶음에 두 개씩이었다.

┌ 빵 두 개를 각각 세 조각으로 나누었다.
└ 빵 세 개를 각각 두 조각으로 나누었다.

　　문장들은 위에서부터 차례대로 덧셈, 뺄셈, 곱셈, 나눗셈을 나타내고 있어요.

　　덧셈과 곱셈은 순서를 바꾸어도 뜻이 달라지지 않았지요? 하지만, 뺄셈과 나눗셈은 순서를 바꾸니까 완전히 다른 뜻이 되어 버렸어요. 그래서 뺄셈과 나눗셈이 나올 때는 조심해야 해요.

"절대로 순서를 바꾸면 안 돼요!"

바로 그런 이유 때문에 덧셈과 뺄셈이 섞여 있는 계산이나 곱셈과 나눗셈이 섞여 있는 계산은, 앞에서부터 차례대로 해야 돼요. 뺄셈과 나눗셈이라는 까다로운 말썽꾸러기 때문에 그렇지요.

그럼 덧셈, 뺄셈, 곱셈, 나눗셈이 섞여 있는 계산에서는 어째서 곱셈이나 나눗셈을 먼저 계산해야 하는 걸까요?

다음 문장을 식으로 만들어 보면 쉽게 알 수 있답니다.

"나는 오늘 연필을 두 자루 샀고, 동생은 어제와 오늘 연필을 세 자루씩 샀습니다. 나와 동생이 산 연필은 모두 몇 자루일까요?"

식은 2+2×3이 되지요.

만약에 이 식을 덧셈부터 먼저 계산한다면 어떻게 될까요?

2+2=4, 4×3=12. 답이 12가 나와요.

그런데 연필이 모두 열두 자루 맞을까요?

아니지요. 그냥 머리셈으로 해 봐도 되는 쉬운 계산이잖아요. 연필은 분명 8자루잖아요. 곱셈을 먼저 계산해야 맞는 답이 나온답니다.

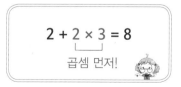

2 + 2 × 3 = 8
곱셈 먼저!

어떤 것을 먼저 계산해야 하는지 헷갈릴 때마다 문장을 만들어서 비교해 보기는 귀찮겠지요? 그래서 수학에서는 기억하기 좋게 '약속'을 해놓았어요. 손가락 걸고 약속한 것은 쉽게 잊어버릴 수 없잖아요. 혼합계산에는 약속이 들어 있답니다.

"약속한 것은 절대로 어기면 안 돼요!"

| 꼭 지켜야 할 약속들 |

❶ 덧셈과 뺄셈이 섞여 있는 식은 앞에서부터 차례로!

❷ 곱셈과 나눗셈이 섞여 있는 식은 앞에서부터 차례로!

❸ 덧셈, 뺄셈, 곱셈, 나눗셈이 섞여 있는 식은 곱셈이나 나눗셈부터!

❹ (   )가 나오면 언제나 (   ) 안부터 계산!

위대한 물리학자 아인슈타인은 스물두 살 때만 해도 평범한 청년이었어요. 취직도 못 할까 봐 아버지가 걱정을 태산같이 했답니다. 다행히 스위스 공무원으로 취직하게 된 아인슈타인은 짬이 나면 사무실 책상 서랍에서 종이를 꺼내 연필로 무언가 적곤 했어요. 그 연필 끝에서 세상을 놀라게 한 유명한 상대성 이론이 나왔답니다.

종이와 연필, 이것만으로도 세상을 깜짝 놀라게 할 수 있다는 건 정말 멋지지 않아요?

수학 공부를 할 때에도 언제나 출발은 연필로부터 시작해요.

훌륭한 수학자 가우스도 늘 연필을 들고 많은 계산을 했어요. 종이가 없을 때는 벽에다 대고 낙서를 하듯이 계산을 적어 나갔답니다. 그걸 본 사람들이 말했어요.

"그렇게 많은 계산이 필요하다면 조수를 하나 쓰세요. 그럼 남는 시간에 좋은 생각을 더 많이 해 낼 수 있잖아요."

가우스는 이렇게 답했어요.

"아니에요. 나는 직접 연필로 계산을 하면서 좋은 생각을 해 낸답니다. 내게 필요한 건 조수가 아니고, 연필이에요."

생각은 머리에서 나오는 거지만, 그걸 적어 두지 않으면 그냥 흘러가 버릴 때가 많아요. 수학 공부도 마찬가지예요. 머리셈도 큰 도움이 되지만, 처음엔 연필을 들고 적어 보는 게 더 좋아요. 덧셈이나 곱셈을 할 때에도, 정사각형이나 삼각형을 배울 때에도, 연필을 들고서 종이에 숫자를 적고 그림을 그려 보세요. 연필이 바로 머리를 굴리는 데 도움을 주는 조수랍니다.

미로 찾기를 할 때 연필 없이 할 수 있을까요?

머릿속 생각으로만, 눈으로만 미로를 따라 들어갔다가 빠져 나올 수 있을까요? 그건 정말 어려운 일이랍니다. 한번 해 봐요. 연필 없이는 곤란할 거예요.

잘 되지 않으면, 이제 연필을 늘고 시작해 봐요. 몇 번 잘못 찾을 수도 있지만, 잘못 찾은 길을 연필로 표시해 두고 다시 시작한다면 점점 더 쉬워질 거예요. 그리고 마침내 길을 찾아낼 수 있어요.

처음 배우는 수학 문제도 미로 찾기와 같아요. 그럴 땐 생각하는 걸 도와주는 조수, 연필을 잊지 말아요.

출발!

길은 하나만 있는 게 아니에요!

나도 이제 수학 잘할 자신 있어. 자신 있으니까 뭐든 문제만 내 봐.

그래? 대단한데? 그럼 내가 문제를 내 볼 테니까 맞혀 봐.

내가 어제 빵집에 가고 있었는데 맞은편에서 네쌍둥이가 걸어오는 거야.

진짜야? 우와!

조용히 하고 들어 봐. 아직 끝이 아니란 말야.

네쌍둥이는 모두 자루를 4개씩 들고 있었어. 근데 그 자루에는 각각 고양이가 4마리씩 들어 있더라고.

자, 문제야. 빵집으로 기고 있는 동물은 모두 몇이겠니?

문제없어!

킥킥...

슥슥

$4 \times 4 \times 4 + 4 = 68$

68이야. 사람도 동물이니까. 사람 4명, 고양이가 64마리.

땡! 틀렸어!

빵집으로 가고 있는 건 나 하나뿐이야. 네쌍둥이랑 고양이들은 다 맞은편에서 오고 있다고 했잖아! 크크크.

$4 \times 4 \times 4 + 4 = 68$

킥!!

우리는 수학 공부에 조금 자신이 붙으면 흔히 실수를 하기 시작한답니다. 문제에 숫자만 나오면 무조건 계산하고 보는 실수이지요. 계산 문제에 너무 익숙해져서 어떻게든 계산부터 해야 할 것 같은 불안한 마음이 드는 거예요.

잠깐 연필을 내려놓아요. 그리고 다시 한번 문제를 읽어 봐요.

처음엔 꼭 연필을 들고 풀어요. 그리고 익숙해졌다면 연필을 놓고 풀어요. 연필을 내려놓으라는 얘기는 한 번 더 생각을 해 보라는 거예요. 문제를 제대로 이해하기 위해서랍니다. 무턱대고 계산만 하는 건 도움이 되지 않아요.

문제

15 + 23 + 5 + 12 + 7 + 8 =

덧셈 문제예요. 하지만 연필을 들고 처음부터 차례대로 더하지 말아요. 잠깐 연필을 놓고 문제를 다시 봐요.

서로 더하면 끝자리가 10이 되는 수들이 있어요. 그것들끼리 짝을 지어서 계산하면 훨씬 더 쉬워요. 머리셈으로도 할 수 있답니다.

15 + 23 + 5 + 12 + 7 + 8 = 70

20 + 30 + 20

아예 연필 없이, 계산 없이 풀 수 있는 문제도 있어요.

문제 아래에 그려진 두 가면은 어떤 점이 같을까요?

이 문제를 풀 때는 연필도 종이도 전혀 필요 없어요. 필요한 건 오직 '생각하는 힘'뿐이랍니다.

답은 '가면에 뚫린 구멍 수가 같다'예요.

모양은 서로 다르지만 구멍 수가 같아요. 구멍 수가 같다는 건 중요한 특징이에요.

이처럼 눈으로 보고 생각으로만 풀 수 있는 문제도 얼마든지 있어요. 무턱대고 계산하려 할 필요는 없답니다.

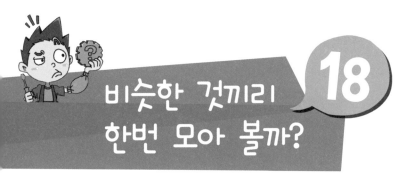

비슷한 것끼리 한번 모아 볼까? 18

문제 이 그림을 비슷한 것끼리 모아 보세요.

비슷한 것끼리 모은다는 것은, 특징을 이해하는 연습이에요.

모양이나 수의 특징을 이해하는 연습은 수학 공부에 꼭 필요한 기본

이랍니다.

63

 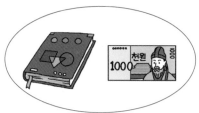

이렇게 모았다면 모양이 비슷한 것끼리 모은 것이지요. 사과와 수박은 동그랗고, 돈과 책은 네모나니까요. 그런데 이런 방법만 있는 건 아니에요.

만약 이렇게 모았다면 수를 중심으로 모은 것이에요. 사과와 책과 연필은 모두 세 개씩, 수박과 돈은 네 개씩 있으니까요.

비슷한 것끼리 모으는 방법에는 여러 가지가 있어요. 이 두 가지 방법 말고도 어떤 방법이 있을까 생각해 봐요. '어떤 특징을 기준으로 삼을까' 하는 것에 따라 다를 거예요.

사과와 수박은 먹을 것, 책과 연필은 공부하는 데 쓰는 것. 이렇게 모을 수도 있지요.

다음의 그림도 비슷한 것끼리 모아 봐요. 방법은 물론 여러 가지가 있어요.

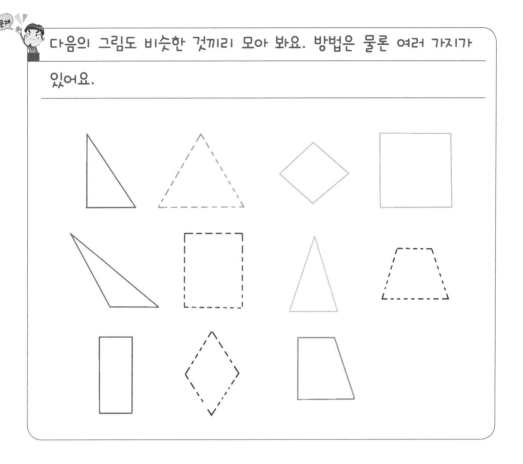

　직각이 들어 있는 모양과 아닌 것으로 모을 수도 있고, 삼각형과 사각형으로 모을 수도 있어요. 또 점선으로 그려진 것과 아닌 것으로 모을 수도 있답니다.

　비슷한 것끼리 모으는 일에는 여러 가지 답이 있을 수 있어요. 내 맘대로 독특하게 모아도 좋아요. 하지만 제멋대로는 곤란해요. 어떤 점이 비슷하냐고 물어봤을 때, 어떤 것을 기준으로 삼았는지 똑똑히 대답할 수 있어야만 한답니다.

"수학을 미술처럼 색칠하며 공부하라고? 우리를 유치원생으로 아는 거야?"

오, 그건 착각이에요. 날마다 색칠 공부만 하던 수학자들도 있었답니다.

'4가지 색으로 지도 칠하기'라는 문제 때문이었어요.

이 문제는 무려 100년 동안 많은 수학자들을 애타게 만들었답니다. 삼 대째 색칠 공부만 하던 수학자도 있었다니까요.

도대체 어떤 문제이기에 수학자들이 색칠 공부를 했을까요?

자, 여기 복잡한 지도가 있어요. 이 지도에 있는 나라들을 색칠해서 서로 구분하려고 해요. 이웃한 나라는 같은 색으로 칠하면 안 되겠죠? 구분이 잘 안 되니까요. 이웃한 나라끼리는 꼭 다른 색으로 칠해야 하지만, 멀리 떨어져 있는 나라는 같은 색으로 칠해도 돼요. 물감 색이 몇 가지밖에 없거든요.

가장 적은 수의 물감으로만 칠하려면, 몇 가지 색이 있어야 이 나라들을 다 구분해 줄 수 있을까요?

　답은 바로 4가지 색이었어요. 4가지 색만 있으면 아무리 복잡한 지도라도 이웃한 나라를 다른 색으로 칠할 수 있답니다.

　수학자들이 고민하고 또 고민한 건 '정말 4가지 색만으로 다 구분해서 칠할 수 있을까?' 하는 것이었어요. 믿기지 않았어요. 그래서 수학자들은 아주아주 복잡한 지도를 가지고 와서 칠하고 또 칠했답니다.

　100년이 흘러, 그 답은 컴퓨터가 증명을 해냈어요. 정말 4가지 색만 있으면 되었던 거예요.

　연필을 들어 봐요. 이제부터 그리고 색칠하는 거예요.

이 삼각형을 똑같은 모양 네 조각으로 나누어 색칠해 봐요.

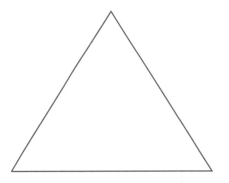

이 사각형도 똑같은 모양 네 조각으로 나누어 색칠해 봐요.

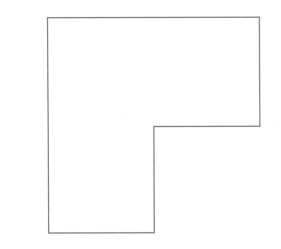

(해답은 227쪽에)

쉽진 않을 거예요. 연필을 들고 이 모양을 똑같은 네 조각으로 나눌 방법을 생각하며, 그리고 또 그려 봐요. 그런다고 100년이 걸리지는 않을 테니까요.

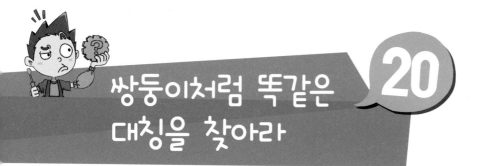
직사각형, 원, 이등변삼각형, 정사각형의 공통점은 뭘까요? 반으로 뚝 자르면 양쪽의 모양이 같다는 거예요. 쌍둥이처럼 똑같은 모양이 나오지요. 그 가운데서도 원과 정사각형은 아무 쪽에서나 잘라도 모양이 똑같이 나와요.

이렇게 쌍둥이처럼 똑같은 모양이 나오는 것을 '대칭'이라고 해요. 아무 쪽에서나 잘라도 똑같은 경우를 '점대칭'이라고 하고, 반으로 뚝 가르는 것을 '선대칭'이라고 한답니다.

미술 시간에 데칼코마니라는 놀이를 해 보았나요? 물감을 아무렇게나 짜 두었다가 도화지를 반으로 접었다 펴면 나비 모양 비슷한 그림이 나오지요. 바로 대칭을 이용한 것이에요. 도화지를 접은 선을 중심으로 대칭이 되는 선대칭이랍니다.

사람도 머리 꼭대기부터 선을 내려 긋는다 생각하면 대칭이지요? 나비도 그렇고, 호랑이도, 곰도, 꽃도 그래요. 자연에는 정말로 많은 대칭이 있답니다. 사람들이 만든 물건 중에도 대칭이 되는 것들이 아주 많아요.

도자기 만드는 모습을 본 적 있나요? 도자기를 만들 때는 물레를 이용해 흙 반죽을 빙빙 돌려 가며 손으로 모양을 만든답니다. 이렇게 빙

빙 돌려서 만든 것들을 '회전체'라고 해요.

　원기둥, 원뿔, 구, 도넛 모양과 같은 것들이 모두 회전체예요. 회전체
는 모두 어떤 축을 중심으로 돌려서 만든 것이기 때문에 모양이 둥글게
나오지요. 그래서 모두 대칭이 된답니다.

　지금 고개를 돌려 주변에서 대칭이 되는 물건들을 찾아 보아요. 글자
들 중에도 있고, 숫자에도 있어요. 모두 찾아 모아 봐요.

　물건들 속에서 수많은 대칭을 찾았죠? 도형을 공부할 때는 언제나 주
변에 있는 물건들을 떠올려 봐요. 도형이 훨씬 더 쉽게 느껴질 거예요.

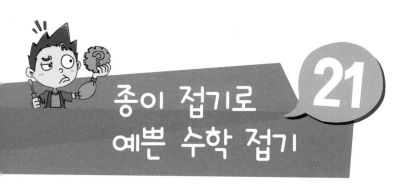

종이 접기로 예쁜 수학 접기 **21**

"정오각형을 만들 수 있는 사람만이 이곳에 들어올 수 있다."

고대 그리스의 유명한 수학자 피타고라스의 집 문 앞에 쓰여 있는 글이었어요.

사람들은 수학자들이 대체 그 집 안에서 무슨 궁리들을 하고, 어떤 이야기들을 나누는지 궁금해서 너무너무 들어가 보고 싶었어요. 하지만 도무지 정오각형을 만들 수가 없었답니다. 어쩔 수 없이 문 앞에서만 서성거릴 뿐이었죠.

정오각형을 만들어 볼래요? 그럼 수학자의 비밀의 방에 초대받을 수 있어요. 만들기는 어렵지만, 완성했을 때 아주 예쁜 별 모양이 나온답니다.

'5'라는 수는 홀수라서 5개의 변을 모두 똑같은 모양으로 만드는 게 쉽지 않아요. 그래서 옛날 수학자들도 정오각형 만드는 법을 소중하게 생각하고 비밀로 하기로 했던 거예요.

색종이로 정오각형 별 모양 만드는 법을 살짝 가르쳐 줄게요. 하지만 그 전에 먼저 정삼각형을 만들 수 있어야 해요. 정삼각형 만들기는 더 쉬우니까 그걸 만들 수 있는 사람에게만 정오각형이 나오는 별 모양 만드는 법을 가르쳐 주겠어요.

| 정삼각형 만들기 |

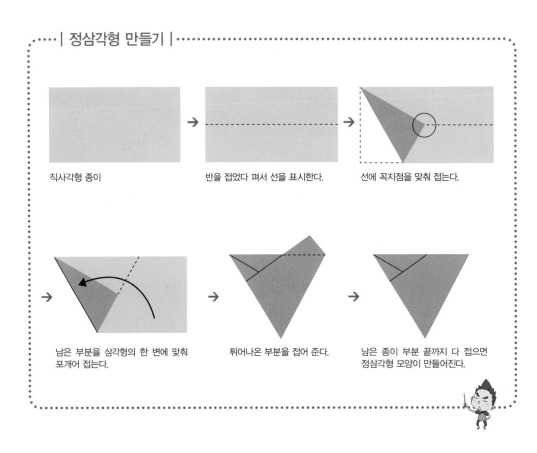

직사각형 종이

반을 접었다 펴서 선을 표시한다.

선에 꼭지점을 맞춰 접는다.

남은 부분을 삼각형의 한 변에 맞춰 포개어 접는다.

튀어나온 부분을 접어 준다.

남은 종이 부분 끝까지 다 접으면 정삼각형 모양이 만들어진다.

정삼각형은 다 만들었나요? 그렇다면 이제 정오각형 별 모양에 도전

해 보도록 해요.

| 정오각형(별) 만들기 |

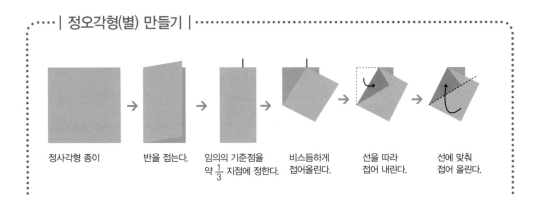

정사각형 종이

반을 접는다.

임의의 기준점을 약 $\frac{1}{3}$ 지점에 정한다.

비스듬하게 접어올린다.

선을 따라 접어 내린다.

선에 맞춰 접어 올린다.

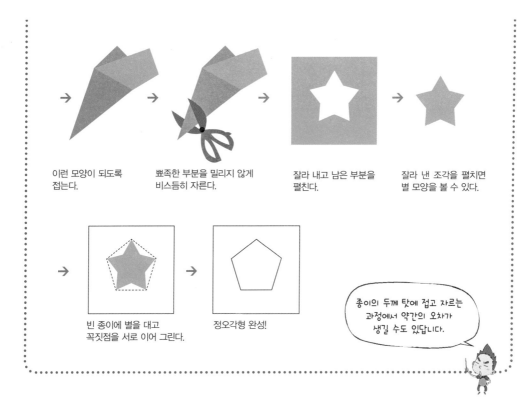

이런 모양이 되도록
접는다.

뾰족한 부분을 밀리지 않게
비스듬히 자른다.

잘라 내고 남은 부분을
펼친다.

잘라 낸 조각을 펼치면
별 모양을 볼 수 있다.

빈 종이에 별을 대고
꼭짓점을 서로 이어 그린다.

정오각형 완성!

종이의 두께 탓에 접고 자르는
과정에서 약간의 오차가
생길 수도 있답니다.

별 모양에 드러나는 정오각형 보이죠? 별 모양을 넓은 종이에 대고 꼭
짓점을 찾아 정오각형을 그려 보아요. 미심쩍으면 자를 가지고 길이를 재
봐요. 5개의 변의 길이가 모두 같은가요? 그래야만 정오각형이 된답니다.

자, 이제 수학자의 비밀의 방에 들어갈 준비 다 됐나요?

수학은 숫자로만 이루어져 있는 것은 아니에요. 여러 가지 모양과 공
간을 보고 느끼는 것도 수학의 중요한 부분이랍니다. 종이 접기도 훌륭
한 수학 공부가 되지요.

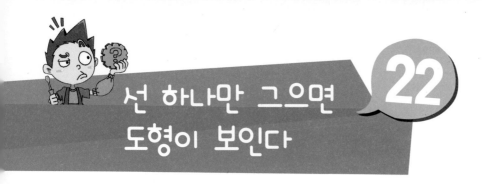

선 하나만 그으면 도형이 보인다 22

색종이를 접고 오려서 여러 가지 모양을 만드는 데 익숙해졌다면, 이젠 마음속에서 모양을 접고 오려 봐요. 처음엔 직접 만들어 보지 않고는 상상하기 힘들지만, 자꾸 하면 선을 하나 긋는 것만으로도 모양을 바꾸고 상상하는 게 어렵지 않아요.

도형에 적당한 선을 하나 긋는 것, 이것을 '보조선 긋기'라고 해요. 보조선 긋기는 도형 감각을 키우는 데 꼭 필요한 일이랍니다.

다음 그림을 보고 연습해 봐요.

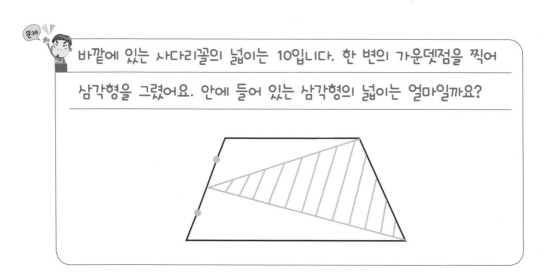

문제

바깥에 있는 사다리꼴의 넓이는 10입니다. 한 변의 가운뎃점을 찍어 삼각형을 그렸어요. 안에 들어 있는 삼각형의 넓이는 얼마일까요?

힌트는 '선을 하나 긋는다'예요.

아무런 계산도 필요 없어요. 윗변과 아랫변의 길이를 몰라도 돼요. 단지 선을 하나 긋는 것만으로 답이 바로 나온답니다.

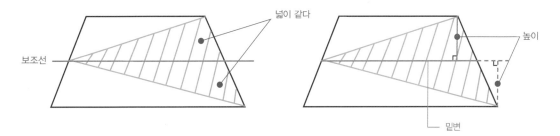

이렇게 보조선을 그어 보니 삼각형이 반으로 쪼개졌어요. 색칠된 삼각형 두 개의 넓이는 같지요. 밑변과 높이가 같으니까요. 그리고 색칠이 되어 있지 않은 나머지 두 조각의 넓이를 더하면 색칠된 삼각형의 넓이와 같아요. 그러니까 색칠된 삼각형의 넓이는 사다리꼴 넓이의 절반 즉, 5가 되지요.

알쏭달쏭 모르겠다면 선을 하나 더 그어 볼까요? 오른쪽 변과 나란하게 평행선을 하나 더 그어요.

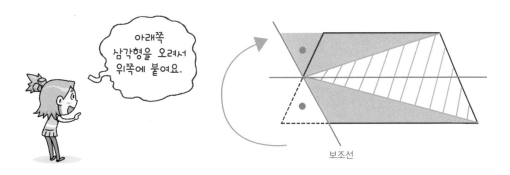

이제 색칠된 삼각형이 사다리꼴 넓이의 절반이라는 게 보이나요?

마음속에서 도형을 색종이처럼 오리고 붙이는 거예요. 선을 하나 그으면 돼요.

"그런데 대체 어디에다 선을 긋고, 어디로 옮기는지 어떻게 알아요?"

처음엔 그걸 아는 게 쉽지 않을 거예요.

문제를 보는 순간 마술처럼 보조선이 마음에 팍 떠오르는 일은 없어요. 도형을 볼 때마다 마음속으로 이리 저리 선을 그어 보고, 오리고 붙이는 연습을 많이 해야만 해요.

장난치듯 도형을 가지고 놀다 보면 어느새 '보조선 긋기'가 쉬워질 거예요.

빙글빙글 돌리고 이리저리 움직이는 도형

23

"도형을 공부할 때는 그리고, 색칠하고, 오리고, 붙여 보라고 했는데, 그렇게 하기엔 너무 커다란 도형이 문제로 나왔을 땐 어떻게 하죠?"

아무 걱정 말아요. 머릿속에서 이리저리 돌리고 움직여 보는 거예요. 머릿속으로 상상 못할 일은 없잖아요. 커다란 피라미드도 땅 위에 세워지기 전에 종이에 먼저 그려졌어요. 그리고 종이 위에 그려지기 전에 먼저 이집트 측량사들의 머릿속에 세워졌지요.

도형 문제가 나왔을 때는 종이만 뚫어져라 쳐다볼 게 아니라, 머릿속에서 도형을 마구 움직여 봐요.

한번 해 볼까요?

문제

가로 45미터, 세로 25미터인 직사각형 모양의 땅에 그림과 같이 폭 5m짜리 길을 만들었어요. 길을 뺀 나머지 땅의 넓이는 얼마일까요?

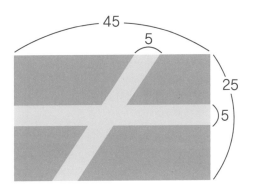

'먼저 전체 땅의 넓이를 구하고, 거기서 길의 넓이를 빼면 되겠군.'

이렇게 생각하고 있나요?

하지만 더 좋은 방법이 있어요. 머릿속에서 땅을 움직여 보는 거예요.

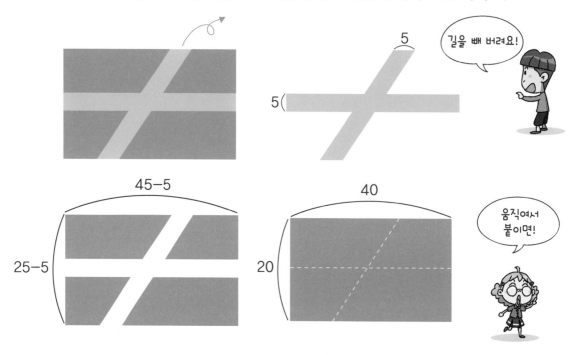

어차피 길을 뺀 나머지 땅의 넓이만을 구할 거니까, 머릿속에서는 아예 길을 빼 버리고 땅 조각을 움직여 붙여 버리는 거예요.

그 다음은 간단하지요. 40×20=800, 끝!

머릿속에서는 커다란 산도 바다에 풍덩 빠뜨릴 수 있답니다.

24

마음의 눈으로 봐야 유령도 찾아낸다

자, 이제부터 마음의 눈으로 보세요.

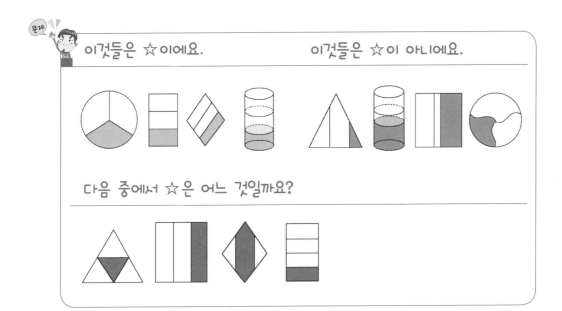

이것들은 ☆이에요.　　　이것들은 ☆이 아니에요.

다음 중에서 ☆은 어느 것일까요?

☆이 무엇인지 알아냈어요? 무엇을 찾아야 하는지 보이나요?

도형이 나왔다고 도형의 특징에만 얽매여서는 안 돼요.

☆은 $\frac{1}{3}$ 을 말해요. 모양이 어떻든 상관없이, 모양 전체에서 $\frac{1}{3}$ 만큼 칠해져 있는 것은 ☆이고, 그렇지 않은 것은 ☆이 아니랍니다. 그저 세 토막으로 나누었다고 다 되는 건 아니죠. $\frac{1}{3}$ 은 나눈 부분이 모두 똑같아야 해요. 이제 답을 찾았어요?

마음의 눈으로 수학을 공부한다는 것은 더 깊이, 더 넓게 생각한다는 것이에요. 마음의 눈을 뜨는 연습을 해 봐요.

상상의 힘으로 뒤쪽을 보라 25

선생님이 칠판에 정육면체 그리는 것을 보면 신기할 때가 있지요. 뒤쪽은 보이지도 않는데 평면에다 똑바른 모양으로 입체를 그리시니까요. 직접 그려 보면 모양이 제대로 나오지 않을 때가 많잖아요.

입체도형을 공부할 때야말로 마음의 눈이 꼭 필요해요. 안 보이는 뒤쪽에도 무언가 있다는 걸 상상해야만 하니까요.

아무 어려움 없이 뒤쪽까지 상상하려면 평소에 입체도형을 눈여겨봐 둬요. 원뿔은 아이스크림 콘이에요. 직육면체는 두꺼운 책을 찾으면 되고요. 공은 구, 음료수 캔은 원기둥이죠. 입체도형은 우리가 살고 있는 세상 어디에나 널려 있어요.

평소에 이런 것들을 잘 봐 두었다면 상상력의 힘을 빌려 보는 것도 어렵지 않아요. 마음의 눈으로 뒤쪽까지 얼마든지 볼 수 있답니다.

작은 정육면체를 여러 개 쌓아 놓았어요. 가로, 세로, 높이 모두 5개씩 쌓았답니다. 그리고 노란색 물감으로 밑면과 윗면을 포함한 겉면을 모두 칠했어요. 그 다음엔 정육면체들을 흩어 놓아도 상관없어요.

81

작은 정육면체들 중에 세 면에 노란색이 칠해진 것은 모두 몇 개일까요?

또, 두 면에 노란색이 칠해진 것은 몇 개일까요?

한 면만 노란색이 칠해진 것과 하나도 칠해지지 않은 것은 각각 몇 개 일까요?

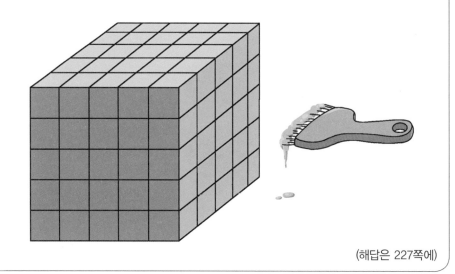

(해답은 227쪽에)

안 보이는 뒤쪽까지 상상의 힘으로 그려 봐요. 정육면체는 앞, 뒤, 옆, 어느 쪽에서 보아도 모양이 똑같다는 것을 기억해요. 그리고 꼭짓점과 모서리를 잘 살펴봐요. 뒤쪽까지 상상이 끝났다면 수를 세어 봐요.

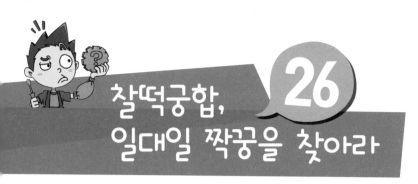

찰떡궁합, 일대일 짝꿍을 찾아라 26

텔레비전 드라마를 보면 젊은 남녀가 만나 사랑을 하고, 많은 우여곡절 끝에 연인 사이가 되거나 결혼을 하는 이야기들이 흔히 나오지요. 짝꿍을 갖고 싶은 것은 모든 사람들의 소망인가 봐요. 짝꿍을 찾는 일은 인생의 아주 중요한 일 가운데 하나랍니다.

수학에서도 짝꿍을 찾아야 하는 경우가 있어요. '일대일 대응' 말이에요.

결혼은 두 사람하고 할 수가 없지요? 그래서 삼각관계가 되면 고민이 생기고, 싸우기도 하다가 결국 한 사람은 떨어져 나가고 말잖아요. 결혼은 '일대일'이어야 해요. 법으로도 정해져 있거든요. 수학에서도 짝꿍을 찾을 때는 '일대일'을 말해요.

맨 처음 일대일 짝꿍을 찾았던 기억을 떠올려 볼까요? 수의 크기를 비교할 때였어요.

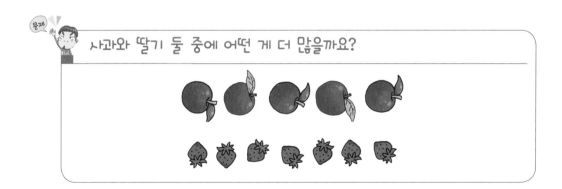

문제 사과와 딸기 둘 중에 어떤 게 더 많을까요?

이런 문제에서는 하나씩 줄을 그어 짝꿍을 만들어 비교했어요.

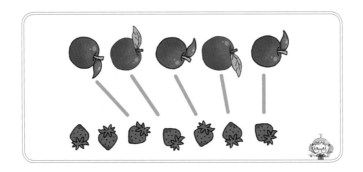

이렇게 쉬운 일대일 짝꿍 찾기만 있는 건 아니랍니다.

여기 마술 기계가 있어요. 이 기계는 무엇이든 집어넣으면 2배가 되어서 나오는 기계예요. 손수건 한 장을 집어넣으면 2장이 나오고, 연필 2자루를 넣으면 4자루가 나와요. 내가 이 신기한 마술 기계 속으로 들어가면 어떻게 될까요? 복제 인간 쌍둥이와 손 붙잡고 나올까요?

이 '2배가 되는 마술 기계'에 숫자를 집어넣으면 나오는 숫자는 정해져 있어요.

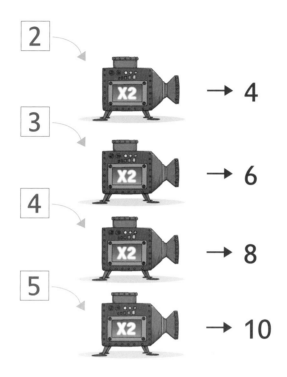

이 마술 기계는 바로 '일대일 짝꿍을 찾는 기계'랍니다. 어떤 숫자를 넣었을 때 튀어나올 숫자가 꼭 하나씩 정해져 있으니까요. 이처럼 '일대일 짝꿍을 찾는 마술 기계'를 수학에서는 '함수'라고 해요.

또 다른 마술 기계는 어떤 게 있을까요? +3을 하는 기계도 있고, ÷2를 하는 것도 있어요.

일대일 짝꿍을 찾는 마술 기계, 직접 만들어 봐요.

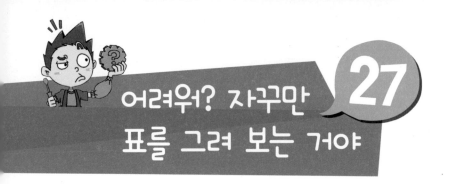

공부는 머리로만 하는 게 아니에요. 생각은 물론 머리에서 나오지요. 그렇지만 손과 발, 눈과 입이, 생각하는 걸 도와줄 수 있답니다. 손으로 글씨를 쓰며 공부해요. 눈으로는 그림을 보고, 수를 셀 땐 손가락, 발가락을 총동원해요. 생각을 도와주는 것은 무엇이든 써먹는 게 좋아요.

표를 이용하는 것도 좋은 방법 중 하나랍니다.

어떤 생각이 뚜렷하게 머리에 떠오르지 않고, 머릿속이 미로처럼 복잡할 때는 표를 그려 봐요. 표가 생각하는 걸 도와줄 거예요.

수 배열을 처음 배울 때 우리는 '수 배열표'를 이용했어요. 1부터 100까지 차례대로 늘어놓은 수 배열표에서, 뛰어세기한 수들을 찾아 색칠하기도 했지요.

16부터 5씩 뛰어세기한 표를 그려 볼까요?

1	2	3	4	5	6	7	8	9	10	11	12	13	14	15	16	17	18	19	20
21	22	23	24	25	26	27	28	29	30	31	32	33	34	35	36	37	38	39	40
41	42	43	44	45	46	47	48	49	50	51	52	53	54	55	56	57	58	59	60
61	62	63	64	65	66	67	68	69	70	71	72	73	74	75	76	77	78	79	80
81	82	83	84	85	86	87	88	89	90	91	92	93	94	95	96	97	98	99	100

만약 표를 만들지 않고 그냥 머리로만 뛰어세기한 수들을 찾으려고 한다면 머릿속이 뒤죽박죽되어 버릴 거예요. 하지만 표를 그려 놓고 색을 칠하면서 찾아내는 일은 재미도 있고 쉬워요. 또 색칠한 수들이 어떤 모양을 나타내고 있는지 한눈에 볼 수도 있어요.

눈과 손, 머리가 협동을 할 때 공부는 훨씬 쉬워진답니다.

다음 문제를 풀어 봐요.

머릿속으로만 생각하려고 하면 너무 복잡해요. 나나와 통통이와 똘이의 말이 꼬리에 꼬리를 물고 이어지는 것만 같지요. 이럴 때 바로 표를 그려 봐요.

	보통 피자	야채 피자	감자 피자
나나			
통통			
똘이			

(해답은 228쪽에)

나나와 통통이와 똘이가 좋아하지 않는 피자에 ×를 하고, 좋아하는
게 틀림없는 피자에는 ○를 하며 답을 찾아 봐요. 표가 도와줄 거예요.

□의 비밀을 밝혀 볼까?

28

수학책에는 □가 잔뜩 들어 있어요. 책장을 넘기다 보면 만나고 또 만나게 되는 것이 □예요. □와 친해지지 않고서는 문제를 풀 수가 없어요.

□에 숨어 있는 비밀은 무엇일까요?

'뻔한 것을 물어보고 있다'는 것이랍니다.

수학에서만이 아니라 국어에도 □가 나와요.

> "내 이름은 □이다."

여기서 □에 무엇을 넣어야 하는지 모르는 사람은 아무도 없을 거예요.

"내 이름은 무엇일까요?"라는 질문을 □로 바꾸어 놓은 것뿐이지요.

□ 안에는 내 이름을 넣기만 하면 돼요. 정말 뻔한 걸 물어보죠?

다시 말해 □는 묻고 있는 것, 바로 그것이에요.

수학에서도 마찬가지예요.

"3×4는 얼마일까요?"라는 질문을 □를 이용하면 이렇게 바꿀 수 있어요.

$$3 \times 4 = \square$$

□가 중간에 들어 있어도 다를 바 없어요.

$$3 \times \square = 12$$

"3에다 얼마를 곱하면 12가 될까요?"라는 긴 질문을 □를 이용해서 짧게 적은 것뿐이에요.

수학에서 □가 나오면 왠지 어려운 계산을 거쳐야 알 수 있을 거라고 생각할지 몰라요. 하지만 □는 문제 푸는 것을 도와주는 친구랍니다. □가 있는 문제가 더 쉬워요. □와 친해 두면 오래오래 도움이 된답니다.

중학교에 올라가면 □ 대신 x라는 친구가 나와요. x가 뭐냐고요? 바로 □랍니다. 모르는 것, 묻는 것을 x라고 쓰는 거예요. x가 뭔지 밝혀내는 일이 중학교에서 배우는 수학에서 가장 중요한 내용이랍니다. 그걸 '방정식'이라고 해요. 지금 □와 친하게 사귀었다면 중학교에 올라가서 x와도 쉽게 친해질 수 있어요.

□가 나오면 두려워하지 말아요.

"또 뻔한 것을 물어보고 있는 거로군!" 하고 생각하세요.

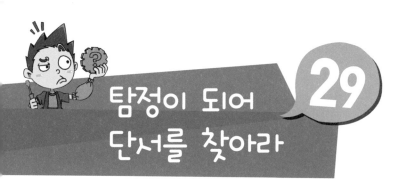

29

탐정이 되어 단서를 찾아라

탐정 만화나 탐정 영화를 볼 때면 똑똑한 탐정이 한없이 부러워져요.

"아, 어쩜 저렇게 귀신같이 범인을 알아내는 걸까?"

"저런 생각을 어떻게 하는 거지?"

범인을 찾는 솜씨에 사람들이 혀를 내두르면, 탐정은 늘 '단서가 남겨져 있었다'고 이야기하지요. 중요한 건 바로 단서예요.

수학 문제를 풀 때에도 단서를 잘 찾아야 답을 알아낼 수 있어요. 탐정이 된 것처럼 문제를 샅샅이 살펴보아야 해요.

"분명히 범인은 이 가운데 있어!" 하고 외치는 탐정처럼 "분명히 답은 문제 안에 있어!" 하고 외쳐 봐요.

수학은 언제나 논리로 따져 봐야 해요.

꼼꼼하게 따져 볼 준비됐어요?

그럼 탐정으로 변신해서 현장으로 출발해요.

수고가 많소.

나? 탐정이지.

이 들판으로 강도 한 명이 도망쳤다고 해서 도와주러 왔지.

아, 네….

경찰관

다, 당신은 뭐야?

앗! 저들 중 한 명이 강도인 게 분명해!

잠깐!!

타닥 타닥

꼬로록….

근데, 강도가 어떻게 생겼는지는 알고 있소?

그건…

당신, 뭐하는 사람이오?

저, 저는… 노… 농부….

휙

이 사람은 자기가 이 동네 농부라고 말한 거예요. 그 말은 사실이죠. 나도 그렇고요. 이 사람과 나는 둘 다 농부예요.

뭐?

둘 다 거짓말이야! 새빨간 거짓말!

당신이 범인이군!!

뭐라?

단서는 어디에 있었을까요? 탐정은 누가 거짓말을 하고 누가 참말을 하는지, 어떻게 알아냈을까요?

단서는 '강도는 한 사람뿐이다'라는 것이었답니다. 여기 있는 사람들은 강도 아니면 농부라는 것이 먼저 주어진 조건입니다. 탐정은 그 단서에서 시작해 논리적으로 따져 본 거예요.

대머리 남자는 이렇게 말했어요.

"둘 다 거짓말이야! 새빨간 거짓말!"

대머리의 말대로 두 청년의 말이 새빨간 거짓말이라면, 강도는 두 사람이 되어 버려요. 청년들은 두 가지 사실을 이야기했으니까요. '노랑머리 청년은 농부다'라는 것과 '곱슬머리 청년도 농부다'라는 것이지요. 대머리는 두 청년의 말을 '새빨간' 거짓말이라고 말함으로써 두 가지 사실 모두를 부정해 버린 거예요. 대머리의 말이 참이라면 한 명이어야 할 강도가 두 사람이 되어 버리지요.

반대로 두 청년의 말이 참이고 대머리의 말이 거짓이면, 강도는 한 사람이 되어요. 바로 대머리이지요.

그래서 탐정은 대머리더러 "당신이 범인이군!"이라고 했던 거예요.

탐정이 되는 필수 조건이 뭔지 알아요?

그것은 바로 꼼꼼함이에요. 현장에 남겨진 흔적을 하나도 빼먹지 않고 꼼꼼하게 살펴봐야 해요. 그래야만 단서를 찾을 수 있답니다.

수학 문제를 푸는 탐정에게도 꼼꼼함이 꼭 필요해요. 탐정의 눈으로 문제를 꼼꼼하게, 논리적으로 살펴봐요.

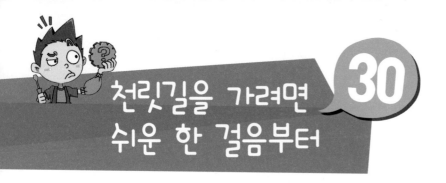
똘이네 학교에서는 빈 병을 오십 개 모아 오면 필통 하나를 준다고 합니다. 똘이는 혼자 생각을 해 보았어요.

"언제 오십 개를 다 모으지? 하나씩 모으다 보면 일 년도 더 걸리겠다. 좋은 방법이 없을까? …… 그래, 병을 한꺼번에 열 개씩 모으면 다섯 번만 하면 오십 개야. 야호, 어서 빨리 열 개 주우러 가자!"

어때요? 똘이 생각이 좋은 생각인 것 같은가요? 물론 병을 한 번에 열 개씩 모을 수만 있다면 다섯 번만 하면 오십 개가 되니까 금방 필통을 받을 수 있겠지요. 그러나 잘 될까요?

똘이는 학교를 나와서 병이 열 개씩 줄지어 있는 곳을 찾아다녔어요. 하지만 아무리 찾아다녀도 병 열 개가 모여 있는 곳을 발견할 수가 없었답니다. 온종일 헛걸음만 했어요.

똘이 짝꿍 웅이는 그런 생각은 하지 않고 병을 하나하나 주워 모았어요. 그랬더니 하루 만에 벌써 다섯 개를 주울 수 있었답니다.

무슨 일이든 욕심만 앞선다고 되는 건 아니에요. '천릿길도 한 걸음부터'라는 말도 있잖아요. 어려운 문제부터 풀어 보려고 끙끙대는 건 바보짓이에요. 수학은 언제나 쉬운 문제부터 차근차근 풀어야만 어려운 문제로 나아갈 수 있어요. 병을 열 개씩 모으는 것보다 하나씩 모으는 게 더 쉬운 것처럼 말이죠.

덧셈도 모르면서 나눗셈을 할 수는 없는 거예요. 길이도 모르는데 넓이를 구할 수 있나요?

그러니까 욕심을 앞세우지 말아요. 이미 내가 알고 있는 것에서 시작하는 거예요. 그러고 나서 어려워 보이는 문제에 도전해요. 내가 알고 있는 것들을 풀면서 자신감도 생기고, 실력도 쌓였을 테지요. 계단을 오르듯 낮은 데서부터 한 발 한 발 내디뎌요. 고개를 들어 보면 어느새 높은 곳에 올라서 있을 거예요.

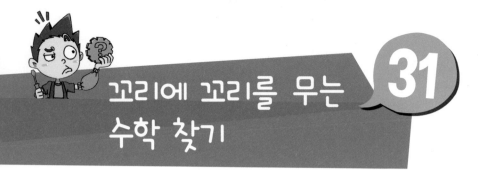
"9 다음에 나오는 수는 무엇일까요?"

초등학생을 너무 얕잡아 보는 거 아니냐고요? 일단 대답해 봐요.

10? 네, 맞습니다.

그럼, 19 다음에 나오는 수는 무엇일까요? 20이에요.

199 다음에 나오는 수는 무엇일까요? 200이에요.

3999 다음에 나오는 수는 무엇일까요? 4000이에요.

그렇다면, 49999999999 다음에 나오는 수는 무엇일까요?

50000000000이지요.

와, 이렇게 큰 수도 다 알고 있나요? 대단한데요.

바로 이것이 '꼬리에 꼬리를 물어 저절로 알게 되는 비법'이랍니다. 하나를 배우면 열을 알 수 있어요. 천재만 그런 것이 아닙니다. 누구나 알 수 있어요. 수는 원래 꼬리에 꼬리를 물고 나타나는 것이니까요.

수학은 대개 이렇게 꼬리에 꼬리를 물도록 이루어져 있어요.

나눗셈을 배우고 나면 분수가 나와요. 분수는 바로 나눗셈의 꼬리에서 나오는 거예요. 무언가 수를 나눌 때 생기는 게 분수랍니다. 나눗셈은 덧셈, 뺄셈, 곱셈과는 달리 나머지가 생기지요. 바로 그 나머지를 처리하기 위해 등장하는 새로운 숫자가 바로 분수예요.

$$25 \div 4 = 6 \;.......\; 1 \;\text{(나머지)}$$

$$4\,\overline{)\,25}$$
$$\begin{array}{r} 6 \\ \hline 25 \\ 24 \\ \hline 1 \end{array}$$

$$\frac{25}{4} = 6\frac{1}{4}$$

또 분수를 알고 나면 소수도 알게 된답니다. 분수로 쓰기 귀찮을 때는 소수로 쓰는 방법이 있어요. 단 소수는 분모가 10이나 100, 1000 등등인 분수를 좋아한다는 것만 잊지 않으면 돼요.

$$25 \div 4 = \frac{25}{4} = 6\frac{1}{4} = 6\frac{25}{100} = 6.25$$

$25 \div 4 = 6.25$라는 새로운 이름을 얻게 되었어요.

나눗셈에서 분수, 소수가 꼬리에 꼬리를 물고 나타났어요. 수학 공부를 할 때는 꼬리를 잘 찾아 봐요. 하나를 배워서 열을 아는 똑똑한 학생이 될 수 있답니다.

잊지 말아야 할 것, 한 가지!

하나를 배워 열을 알 수 있으려면 먼저 하나를 제대로 알아야 해요. 9 다음에 나오는 수가 10이라는 것을 모르는 사람은 죽었다 깨어나도 19999999999 다음에 나오는 수가 20000000000이라는 것을 모를 테니까요.

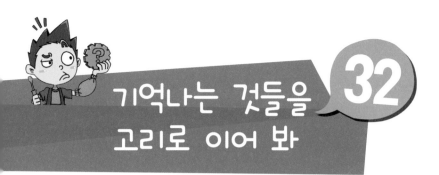

5학년이 되면 배수에 대해 배워요.

배수란 1배, 2배, 3배……. 이렇게 배를 한 수를 말해요. 4의 배수는 4를 1배한 수 4, 4를 2배한 수 8, 4를 3배한 수 12…… 등이 되는 거예요.

4, 8, 12…… 가만 있자, 어디서 많이 본 수라는 생각이 들지 않나요? 생각을 잘 더듬어 봐요. 틀림없이 기억이 날 거예요. 열심히 외웠던 숫자들이니까요.

그래요. 바로 구구법 4단에 나왔던 수들이지요.

"그럼 구구단에 나오는 수들이 바로 그 배수인가요?"

그렇답니다. 5의 배수는 5, 10, 15, 20…… 이렇게 돼요.

"아니? 5학년에서 배우는 배수가 2학년 때 외웠던 구구단이라고요?"

5학년이 되면 무척 어려운 수학을 배울 줄 알았더니 그렇지도 않지요? 수학은 꼬리에 꼬리를 물고 이어진다고 했잖아요. 구구단을 아는 친구라면 배수도 금방 알 수 있어요.

새로운 것을 배울 때면 언제나, 잠깐 머릿속을 더듬어 봐요. 예전에 배웠던 것들 중에 기억나는 것들이 있을 거예요. 그렇게 기억나는 것들을 고리로 이어 봐요. 공책에 직접 적어 보는 것도 좋아요. 기억나는 것들을 고리로 이어 보는 연습은 수학 공부를 완벽하게 하는 지름길이에요.

◆ 세 자릿수의 뺄셈을 배울 때면,

예전에 배웠던 한 자릿수, 두 자릿수의 뺄셈을 생각해요.

◆ 직육면체를 배울 때면, 예전에 배웠던 직각과 직사각형을 떠올려요.

◆ 큰 수 '억'을 배울 때면, 예전에 배웠던 큰 수 '만'을 떠올려 봐요.

그렇게 떠오르는 생각들을 고리로 이어 봐요. 연결된 고리를 찾다 보면 공부하는 방법을 저절로 깨닫게 될 거예요. 그리고 그 비법을 깨닫는 순간, 실컷 놀고 났을 때처럼 행복한 기분이 든답니다. 그 기쁨을 느껴 봤다면 이제 수학 천재가 다 된 거예요.

이거 하나만 더 알면 훨씬 쉬워진다 **33**

문제

다음 삼각형 그림의 ○ 안에 1, 2, 3, 4, 5, 6을 각각 한 번씩만 써서, 같은 변에 있는 세 수의 합이 12가 되도록 만들어 보세요.

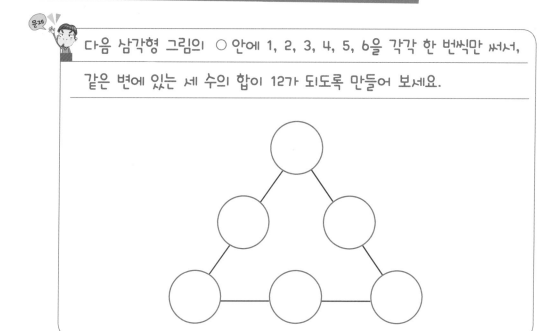

이런 문제만 보면 골치가 아픈 친구들도 있을지 모르겠어요. 그냥 숫자를 더하거나 곱해서 계산하라고 하면 어떻게든 해 보겠는데, 이런 문제는 어디서부터 어떻게 시작을 해야 할지 도무지 알 수가 없지요.

그런데 하나만 알면 이런 문제는 아주 쉽게 풀린답니다. 무엇 하나를 더 알아야 할까요?

위의 문제보다 더 간단한 문제를 내 볼게요. 같이 생각해 봐요.

다음 그림에 1부터 9까지의 수를 한 번씩 써넣어서, 한 줄로 이어져 있는 세 수의 합이 모두 같게 만들어 보세요.

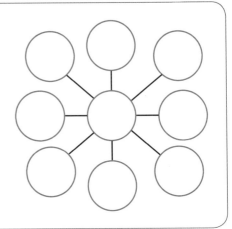

첫째, 가장 먼저 생각해 봐야 할 것은 가운데 ○에 들어갈 수를 찾는 일이에요. 가운데 ○를 빼면 나머지는 모두 동등한 위치에 있어요. 바람개비처럼 바깥의 ○들을 돌린다고 해도 문제가 달라지는 것은 아니니까요.

가운데 ○에 들어갈 수는 1, 2, 3, 4, 5, 6, 7, 8, 9 중에서 첫 번째 수나 마지막 수, 또는 가운데 수를 골라야 해요. 만약에 2나 4를 고르면 한쪽으로 치우치게 되기 때문이에요. 그러니까 1, 5, 9 중에서 하나를 써넣어야 하지요.

5를 써넣고 시작해 볼까요?

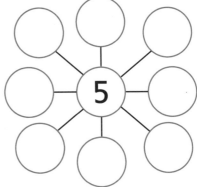

둘째, 그 다음에 알아야 할 건 숫자를 크기대로 공평하게 나누어 써야 한다는 것이에요. 한 줄에 놓인 세 수의 합이 같도록 하라고 했기 때문에, 치우치면 절대 안 돼요. 마주 보는 수의 합이 같아야 해요. 숫자를 돌아가며 적어 주되, 공평하게 나눠 주기 위해 절반은 오른쪽으로 돌고 절반은 왼쪽으로 돌아야 한답니다.

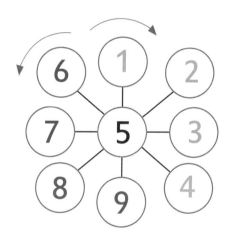

5를 중심으로 마주보는 수들끼리의 합이 모두 같은가요? 그럼 됐어요.

'공평하게 나눠 줘야 한다.'

이거 하나만 더 알면 이런 문제는 금방 풀 수 있답니다.

다시 맨 처음 문제로 돌아가 볼까요?

이 문제는 ○의 개수는 더 적지만, 단순히 세 수의 합이 같도록 하라고만 하지 않고 '세 수의 합이 12가 되게 하라'고 했기 때문에 더 어려워요. 한 번 더 생각해 봐야 해요.

'세 개의 수를 더해서 12가 나오게 하려면 어떤 경우가 있을까' 하는 걸 생각해야 한답니다. 1, 5, 6이 있겠고, 2, 4, 6도 돼요. 그리고 3, 4, 5도 있어요.

12가 되는 세 숫자를 찾았으면, 이제 ○ 안에 수를 써넣어야겠죠?

세 수의 묶음들을 살펴보면, 4와 5와 6이 두 번씩 들어 있어요. 이 수들을 꼭짓점에 있는 ○ 안에 넣어 줘요. 꼭짓점에 있는 수들은 세 수의 합을 계산할 때 두 번씩 쓰이니까요.

빙글빙글 돌아가며 수를 써 넣어요. 숫자를 공평하게 나누어 주는 것, 잊지 말아요.

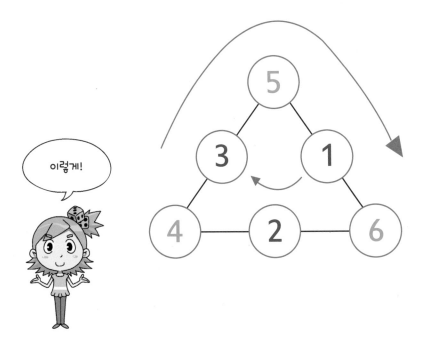

이렇게!

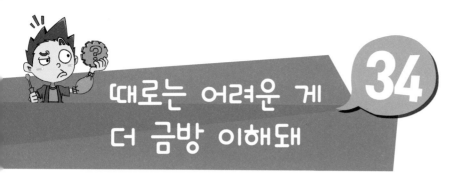

수업 시간에 선생님의 설명이 조금만 어려워지면 고개를 절레절레 흔들어 버리고 딴 생각에 빠지는 친구들 있죠? 쉬는 시간만 기다려지고요. 그렇게 하다간 영영 수학 공부와 멀어지고 말걸요?

때로는 어려운 게 더 금방 이해된답니다. 조금만 생각을 달리 해 본다면 말이죠. 어렵다고 실망하지 말고 쉬운 길을 찾아 봐요.

> 삼각형의 세 각의 합은 180도이다.

왜 그럴까요?

각도기 사용하는 법을 배웠다면 삼각형을 그려 놓고 직접 재 보면 알 수 있어요. 여러 개의 삼각형을 그려 보는 거예요. 삼각형을 1000개라도 그려 봐요. 각도기로 재 보면 모두 다 세 각의 합이 180도가 되는 걸 알 수 있을 거예요.

하지만 그렇게 하나하나 재 보려고 하니 지겹고 재미도 없어요. 삼각형 모양은 제각각인데 왜 모두 세 각을 합하면 180도가 되는지도 모르겠고요.

그렇다면 이렇게 해 봐요. 색종이로 삼각형을 하나만 만들어 봐요. 어떤 모양의 삼각형이라도 상관없어요. 그리고 세 귀퉁이, 즉 꼭짓점을 가운데로 모아지게 접어 봐요. 어떤 삼각형이라도 가운데로 쏘옥 모아질 거예요.

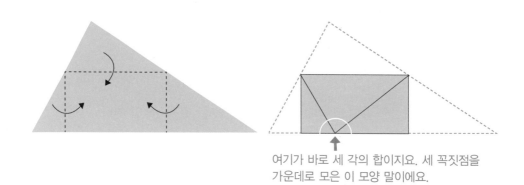

여기가 바로 세 각의 합이지요. 세 꼭짓점을 가운데로 모은 이 모양 말이에요.

종이 접기로 세 각을 모아 놓고 보니 빈틈없이 꽉 채워진 수평선이 만들어졌어요. 각을 배울 때 우리는 평평한 수평선은 180도라고 배웠어요. 이제 '삼각형의 세 각의 합은 180도'라는 말이 머리에 팍 꽂히죠?

어려운 내용도 쉽게 알아내는 길이 반드시 있어요. 다르게 생각해 보는 거예요. 스스로 쉬운 길을 찾아냈다면 자신 있게 이렇게 말해도 좋아요.

이야, 역시 난 천재가 틀림없다니까.

35

필요 없는 부분은 싹둑 잘라 버려

영화에는 주인공만 나오는 건 아니에요. 잠깐 나오는 주인공 친구도 있고, 스쳐 지나가는 엑스트라도 있어요. 수학 문제에도 그런 엑스트라가 있답니다.

영화에는 엑스트라가 꼭 필요할지 몰라도, 수학에는 별로 필요 없을 때가 많아요. 필요 없는 엑스트라는 싹둑 잘라 버려야 해요.

수학의 엑스트라는 주로 긴 글로 된 문제에 등장해요.

글로 된 문제를 풀 때면 문제를 읽기가 귀찮아서 대충 숫자만 보고 계산을 해 버리는 친구들이 있어요. 그렇게 하다가 답을 틀린 경험도 아마 있을 거예요. 문장으로 된 문제는 실제 생활 속에서 계산을 잘할 수 있게 하기 위해서 나온 거예요. 그런데 문제를 제대로 읽지도 않고 계산했다간 실수하게 되고 말아요. 이런 문제에는 엑스트라 숫자도 등장하니까요.

다음 문제에서 엑스트라를 찾아 봐요.

문제

재희는 문구점에서 색종이를 샀어요. 한 묶음이 6장인 양면 색종이를 14 묶음 샀고, 한 묶음이 8장인 단면 색종이를 12묶음 샀습니다. 재희는 양면 색종이를 모두 몇 장 샀을까요?

이 문제에 나오는 숫자는 6, 14, 8, 12예요. 이 중에서 주인공은 누구일까요? 또 엑스트라는 누구일까요?

그걸 알아내기 위해서는 '문제에서 무엇을 묻고 있는지' 잘 읽어 봐야 해요.

이 문제에서는 '양면 색종이의 개수'를 묻고 있어요. 그러니까 이 문제의 주인공은 6과 14예요. 단면 색종이에 대한 숫자, 8과 12는 엑스트라일 뿐이에요. 8과 12는 싹둑 잘라 버려야 해요. 엑스트라는 문제를 푸는 데 아무 도움이 안 되거든요. 중요한 건 주인공이에요.

누가 주인공이고 누가 엑스트라인지 알아내는 비밀은 '?'가 있는 문장에 있답니다. '?'가 있는 문장에서 무엇을 묻고 있는지 눈여겨봐야 하지요.

한 번 더 해 볼까요?

문제 수레를 밀고 가던 두 사람이 길에서 마주쳤습니다. 두 친구는 서로 남의 수레를 들여다보았습니다. 한 친구의 수레에는 고양이 3마리가 타고 있었고, 다른 한 친구의 수레에는 12마리의 고양이가 타고 있었습니다. 그럼 두 사람의 수레에 타고 있는 강아지는 모두 몇 마리일까요?

답을 알아냈나요?

‘15마리’라고 답한 친구는 문제를 다시 한번 읽어 봐요. ‘?’가 있는 문장에서 무엇을 묻고 있나요? ‘강아지’가 몇 마리냐고 물었잖아요. 문제에 나온 숫자는 모두 고양이에 대한 것이었어요. 답은 ‘없다’ 또는 ‘모른다’이지요.

이런 속임수가 어디 있냐고요? 그러게 문제를 잘 읽으라고 했잖아요.

복잡한 건 수학이 아냐, 단순하게 만들어

도형 나라에 사는 심술이네 집은 그림과 같은 모양의 정원으로 둘러싸여

있어요. 식목일이 되어 심술이는 정원 둘레에 2m마다 한 그루씩 나무를

심기로 마음먹었어요. 정원을 멋지게 꾸밀 생각에 심술이는 잔뜩 들떠 있

었답니다. 나무를 주문하기 위해 전화기를 들었을 때였어요.

"앗! 그런데 나무를 몇 그루나 주문을 해야 하는 거지? 오늘 하루 종일

세어 봐야 되는 거 아냐?"

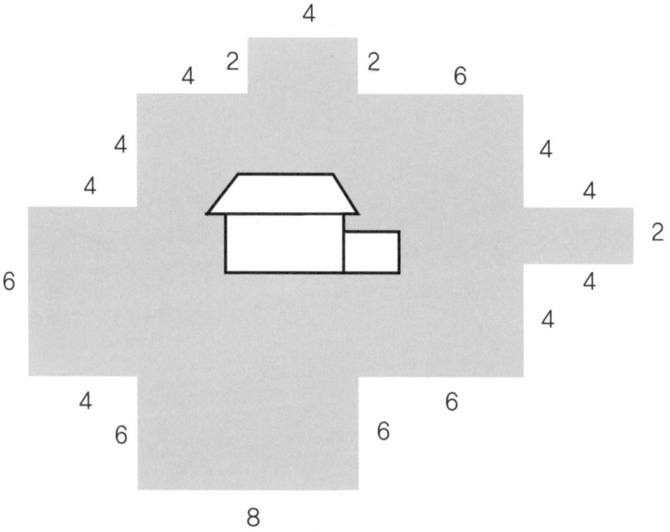

심술이는 고민에 빠졌답니다. 평소에는 자기네 집 정원이 너무나도 개

성 있게 생겼다고 막 자랑을 하고 다녔는데, 이럴 땐 골치가 아픈 거예요.

"복잡한 건 딱 질색이야……."

어떻게 하면 쉽게 계산을 할 수 있을까요? 직접 세어 보는 방법밖에 없을까요?

힌트를 하나 줄게요.

문제

다음 두 모양에서 같은 것은 무엇일까요?

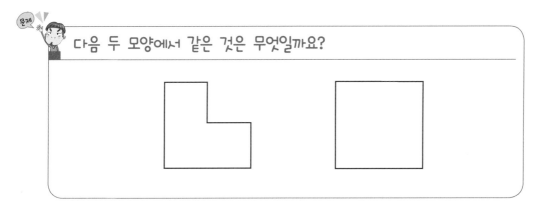

이 두 모양은 서로 다르지만 '둘레의 길이'가 같아요. 움푹 들어가 있는 부분을 밖으로 잡아당겨 펼치면 되니까요. 잡아당겨 펼쳐도 둘레의 길이는 달라지지 않아요. 물론 두 모양의 넓이는 다르답니다.

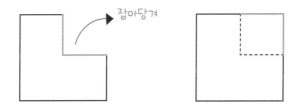

다음 두 모양도 마찬가지예요. 하나는 오목이고 하나는 볼록이지만 둘레의 길이는 같아요.

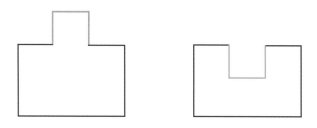

심술이네 집 정원 모양이 울퉁불퉁해서 무척 복잡해 보이죠? 그럼 단순하게 만들어 버리는 거예요. 복잡한 건 수학이 아니랍니다. 간단하게 바꾸는 게 수학이에요.

들어가 있는 부분들을 잡아당겨 모두 펼쳐 봐요. 둘레의 길이는 달라지지 않으니까요.

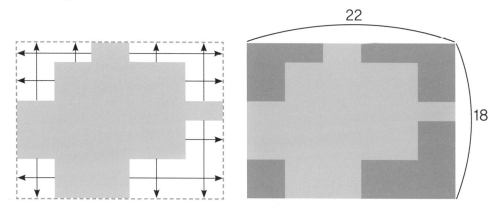

간단한 직사각형 모양이 되었네요. 그럼 가로와 세로의 길이만 구하면 돼요. 가로가 22, 세로가 18 미터니까 둘레의 길이는, 22×2+18×2=80. 나무를 2미터마다 한 그루씩 심을 거니까, 80÷2=40.

심술아! 나무는 40그루 주문하면 된단다!

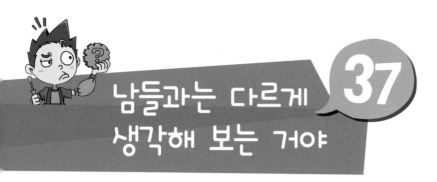
수박처럼 둥근 구 모양의 지름을 구하는 일은 원의 지름을 구하는 것처럼 쉽지는 않아요. 수박은 반을 뚝 자르면 원이 나오니까 그 지름을 구하면 되지만, 잘라선 안 되는 경우도 있지요. 공의 지름을 구하겠다고 공을 반으로 잘라 버린다면 바람이 다 빠져 버려 공이 망가지잖아요.

구 모양의 지름을 구하려면 줄자를 가지고 둘레를 재면 돼요. 가장 뚱뚱한 부분의 둘레를 재면 그 길이를 이용해 지름을 구할 수 있어요. '원의 둘레와 지름의 관계'는 항상 일정하기 때문이랍니다. 둘레를 3.14로 나누면 지름이 나와요. 어떤 원이라도 그렇답니다. 그래서 '3.14'를 원 둘레와 지름의 비, '원주율'이라고 해요.

똘이는 3.14라는 원주율을 알지 못해요. 그래서 궁리 끝에 남들과 다른 방법으로 수박의 지름을 구했어요. 어떻게 구했는지 볼까요?

똘이 아버지라면 아마 줄자를 가져와서 수박의 둘레를 쟀을 거예요. 그리고 3.14로 나누어 지름을 구했겠지요. 하지만 똘이는 더 쉽고 깔끔한 방법을 생각해 냈어요. 3.14라는 원주율을 몰라도 지름을 구할 수 있는 방법이었죠. 수박을 바닥에 붙이고, 수박 위를 평평한 판으로 덮은 다음, 자를 대고 바닥부터 판까지의 길이를 쟨 거예요. 수박 먹을 자격이 충분하지요?

남들이 생각하지 못한 것을 궁리해 봐요. 남들보다 더 쉽고 편한 방법을 찾아낼 수 있어요.

38

선생님이 왜 이렇게 풀라고 했을까? 곰곰 따져 봐

선생님이 시키는 대로만 잘 따라하면 착한 어린이는 될 수 있지만 수학 천재가 될 순 없어요. 늘 수학을 100점 맞다가도 언젠가는 수학 앞에 '내가 졌다' 하고 무릎 꿇게 될지도 모른답니다.

시키는 대로 하기 전에 '선생님은 왜 이렇게 하라고 하시는 걸까?'라는 물음을 던져 봐야 해요. 선생님이 나에게 '왜 그렇게 생각하니?' 하고 묻기 전에 내가 먼저 마음속으로 물어보는 거예요.

약수와 배수를 배우고 나면 최대공약수와 최소공배수를 배워요. 그때 이런 생각이 들 수 있어요.

"왜 선생님은 최대공약수와 최소공배수만을 구하라고 하는 걸까? 최소공약수와 최대공배수는 어째서 궁금하지 않은 거지?"

궁금한 점을 캐다 보면 뜻밖에 좋은 답을 얻을 수 있답니다.

약수는 나누어떨어지는 수를 말해요. 6의 약수는 1, 2, 3, 6이에요. 배수는 배가 되는 수를 말하지요. 공약수와 공배수는 두 수를 가지고 생각할 때 나타나요. 공약수는 공통인 약수, 공배수는 공통인 배수랍니다. 예를 들어, 12와 16의 공약수로는 1, 2, 4가 있어요.

그 다음에 최대공약수와 최소공배수를 배우지요. 최대공약수는 두 수의 공약수 중에서 가장 큰 수이고, 최소공배수는 공배수 중에서 가장 작은 수를 말한답니다.

　3의 약수, 8의 약수, 12의 약수, 24의 약수를 구해 봐요. 모두 1로 시작할 거예요. 그렇다면 3과 8의 공약수를 구하고, 8과 12의 공약수를 구해도 가장 작은 수는 언제나 1이 되겠지요. 최소공약수는 언제나 1이 되는 거예요. 구하나 마나 1이라는 걸 알 수 있으니까 최소공약수는 묻지 않는 것이랍니다.

가장 작은 약수는
모두 1이네?

3의약수 - 1, 3
8의약수 - 1, 2, 4, 8
12의약수 - 1, 2, 3, 4,
　　　　　6, 12

우리가 최대공약수를 배우는 이유는 분수를 약분하는 법을 알기 위해서예요. 그런데 1로 약분하는 것은 아무 의미도 없지요. 10이든 18이든 1로 나누어 봤자 값이 변하지 않으니까요. 그래서 최소공약수는 알고 싶지 않은 거예요.

그럼 최대공배수는 어떨까요?

3의 배수, 4의 배수, 8의 배수를 구해 봐요. 배수는 구해도 구해도 끝이 없지요? 수에는 원래 끝이 없기 때문에 그래요. 배수에 끝이 없다면 공배수도 끝없이 계속 나와요. 그러니 최대공배수는 구하고 싶어도 구할 수가 없어요. 세상에서 가장 큰 수를 구할 수 없는 것과 마찬가지랍니다.

수학에서 따져 보는 것만큼 중요한 일은 없어요. 시키는 대로만 하는 로봇이 되지 말아요. '왜 이렇게 하라고 하는 거야?' 하고 반드시 따져 봐요. 머릿속으로 반항한다고 야단치는 선생님은 아무도 없을 테니까요.

감자 캐듯 캐고 또 캐고, 뿌리가 보일 때까지 질문을

궁금한 게 있으면 꼭 물어봐야 해요. '이유는 모르지만 그냥 그런 거 겠지' 하고 넘어가 버리면 안 돼요. 그건 제대로 아는 게 아니에요. 조금 이라도 이상하다고 생각되면, 묻고 또 묻고 또 물어봐야 해요. 이해가 될 때까지 캐고 또 캐야 한답니다.

질문을 하지 않고 넘어갔다면 멍이는 결코 그 이유를 알 수 없었을 거예요.

"사십이를 42라고 쓰는 이유는 모르겠지만, 남들도 다 그렇게 쓰니까 나도 그냥 넘어가자."

그랬다면 멍이는 '오백삼'을 써야 할 때도 헷갈리고 말았을 거예요.

선생님은 멍이에게 차근차근 설명해 주었어요.

"자릿값은 자리에 따라 수가 달라지는 걸 말한단다. 3과 30, 300에 들어 있는 3은 똑같은 3이지만 값은 다르단다."

똑같은 3이라도 어느 자리에 있느냐에 따라 값은 달라요.

402의 4는 백의 자리에 있지요. 그 4는 400을 뜻해요.

"0은 아무것도 없는 상태를 말하는 숫자란다. 하지만 빈자리를 채워 주는 일도 하는 거야."

오백삼을 쓰려 할 때 십의 자리에는 아무것도 없어요. 그 자리에는 0을 써 주는 거예요. 십의 자리에는 아무것도 없다는 걸 0이 말해 주는 것이지요.

궁금한 게 있을 땐 속이 시원해질 때까지 질문을 해요. 창피하다는 생각은 할 필요 없어요. 물어보지 않고 대충 아는 척 넘어가는 게 더 창피한 일이랍니다. 뿌리가 보일 때까지 질문하고 또 해요. 뿌리까지 알게 된 것은 어른이 될 때까지도 잊어버리지 않는답니다.

배운 것만으론 모자라, 미리 앞서 가 봐

 5-8은 얼마일까요?

놀랍게도 숫자가 이렇게 간단한데도 도저히 답을 알 수가 없지요? 더 작은 수에서 큰 수를 뺀 적은 한 번도 없었으니까요.

289-167과 같이 복잡한 뺄셈도 척척 할 수 있는데, 5-8을 못하다니 왠지 자존심이 상하지요?

"5가 8보다 작은 수인데 어떻게 뺄 수 있어요?" 하고 되묻고 싶을 거예요.

그래요. 초등학교에서는 작은 수에서 큰 수를 빼는 법을 배운 적이 없답니다. 하지만 아주 쉬워요. 조금만 더 배워서 미리 앞서 가 보는 건 어때요?

작은 수에서 큰 수를 빼는 방법이 있어요. 그럴 때는 '-'라는 기호가 쓰여요. 뺄셈을 하라는 기호와 똑같이 생겼죠? 숫자 앞에 쓰는 '-'는 '마이너스'라고 읽어요. 이렇게 '-'를 붙이는 수를 '음수'라고 한답니다. 음수만 알면 어떤 뺄셈도 할 수 있어요.

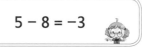

$$5 - 8 = -3$$

답은 '마이너스 3'이에요. 큰 수에서 작은 수를 뺀 값에다 '-'를 붙여 주면 되는 거예요.

사과 5개에서 8개를 덜어내면, 5개를 다 덜어내고도 3개가 모자라지요. '마이너스 3'의 의미는 그런 거랍니다.

우리는 이미 알게 모르게 음수를 사용해 왔어요.

"날씨가 영하 5도로 떨어졌다."는 말 들어 봤을 거예요. 영상 5도와는 달리 영점 아래로 내려간 것을 영하 5도라고 하지요. 온도계에는 0 아래로도 숫자가 쓰여 있어요. 0 아래에 있는 수들이 바로 음수랍니다. 0보다 더 작은 수예요.

수를 직선 위에 나타내 보면 음수를 금방 알아볼 수 있어요. 온도계를 옆으로 눕힌 모양으로 만든 게 수직선이에요.

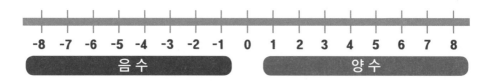

0의 오른쪽으로는 우리가 여태까지 배웠던 수들이 쓰여 있지요. 이런 수를 '양수'라고 해요. 0의 왼쪽에는 '음수'가 있어요. 모두 '-'가 붙어 있지요?

수직선을 이용하면 덧셈과 뺄셈도 훨씬 쉽답니다. 덧셈은 '오른쪽으로 가라'는 명령이에요. 4+5를 하려면, 4에서 시작해 오른쪽으로 5칸 가면 돼요. 뺄셈은 '왼쪽으로 가라'는 명령이에요. 7-5를 하려면, 7에서 시작해 왼쪽으로 5칸 가면 된답니다. 오른쪽이든 왼쪽이든 얼마든지 갈 수 있어요. 수는 끝없이 계속되니까요.

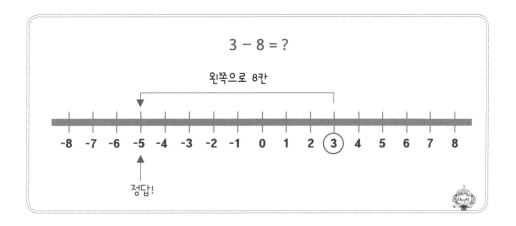

음수가 뭔지도 알고, 수직선 위에서 오른쪽, 왼쪽으로 움직이는 법도 알았다면 덧셈과 뺄셈에 대해서 다른 친구들보다 훨씬 더 많은 것을 알게 된 거예요. 음수는 중학교에 가서 배우는 것인데 미리 배워도 어렵지 않았어요.

때로는 배운 것만으로는 궁금증이 다 풀리지 않을 때가 있어요. 그럴 땐 용감하게 앞서 가 봐요.

41

동전에 앞뒤가 있듯, 셈에도 앞뒤가 있다

'동전에는 양면이 있다'라는 말이 있어요. 단순히 동전에는 앞면과 뒷면이 있다는 걸 말하는 게 아니라, 세상 모든 것에는 두 가지 측면이 있다는 뜻이랍니다.

셈에도 동전처럼 앞뒤 양면이 있어요. 꼭 함께 붙어 다니는 짝꿍과도 같이 서로 연관되어 있는 관계를 말해요. 덧셈과 뺄셈이 바로 그런 관계예요. 또 곱셈과 나눗셈도 그렇지요.

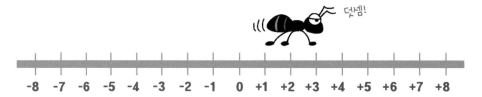

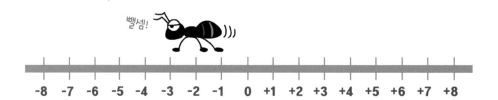

수직선 위에서 덧셈은 오른쪽으로 가는 것이고, 뺄셈은 뒤로 돌아 왼쪽으로 가는 것이라고 했지요? 수직선 위에서 볼 때 덧셈과 뺄셈은 앞뒤 방향만 다른 거예요.

$$238 - 53 = 185$$

이 계산은 뺄셈이지요. 그런데 이 계산을 덧셈으로 바꾸어 할 수도 있어요.

$$185 + 53 = 238$$

덧셈과 뺄셈은 동전의 양면처럼 연관되어 있기 때문에, 뺄셈 계산을 하고 나서 자신이 없을 때는 덧셈으로 검산을 할 수 있답니다.

곱셈과 나눗셈의 관계도 마찬가지예요.

곱셈은 묶음을 만드는 것이지요. 그리고 나눗셈은 몇 묶음으로 나눌 수 있느냐를 따지는 거예요.

$$112 \div 4 = 28$$

112를 네 묶음으로 나누었더니, 한 묶음이 28씩이었어요. 그렇다면 28씩 4묶음이면 112가 되겠지요?

$$28 \times 4 = 112$$

곱셈과 나눗셈도 동전의 양면처럼 이어져 있어요. 나눗셈을 하고서 미심쩍을 때에는 곱셈으로 검산을 해 보면 돼요. 검산은 문제를 확실하게 맞히기 위해서 꼭 필요한 과정이랍니다. **짝꿍을 이용한 검산은 틀림없어요.**

'이새롬 짝은 박다미'라면 '박다미 짝은 이새롬'이잖아요.

덧셈과 뺄셈, 곱셈과 나눗셈은 모양만 다르지 내용은 바뀌지 않는 짝꿍 계산들이에요.

수학에 이런 짝꿍들은 꽤 여럿 있답니다. 또 어떤 것들이 있는지 한 번 찾아 봐요.

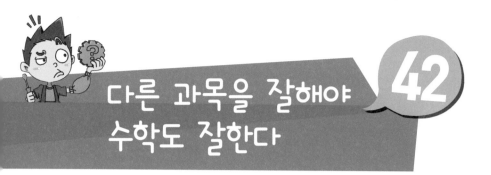

42

다른 과목을 잘해야 수학도 잘한다

"나는 수학 박사야. 다른 과목은 다 빵점이지만 수학만은 진짜 잘해!"

이 친구가 말하는 수학 박사는 아마도 계산 박사일 거예요. 계산만 잘할 수는 있어요. 하지만 다른 과목을 못하고서는 수학을 잘할 수 없답니다.

국어를 못하면 수학도 못해요. 수학은 계산이 중요하지만 개념을 알아야만 계산도 할 수 있는 거예요. 수학에 나오는 많은 말의 뜻을 이해하지 못한다면, 문제를 풀 수도 없고 생각을 해 볼 수도 없어요. 평면도형이나 입체도형과 같은 말들이 나올 때, 그 뜻을 모른다면 문제에는 손도 댈 수 없답니다.

여러 책을 많이 읽어서 말과 글을 친하게 사귀어 두면 수학 공부에도 도움이 돼요. 수학에 나오는 말과 약속들도 뜻을 알아야만 오래도록 잊어버리지 않아요. 그러니 만약 국어를 못한다면 오랫동안 수학 공부하는 데 애를 먹게 될 거예요.

책을 읽다 보면 "왜 그럴까?" 하고 의문을 품게 되지요. 역사책을 읽을 때도 그렇고, 과학 책을 읽을 때도 그래요. 수학 공부를 하는 데에도 "왜 그럴까?" 하고 생각하는 힘은 굉장히 중요하답니다. 다른 과목을 공부하며 여러 가지 호기심을 갖는 것이 좋아요. 공부는 언제나 호기심에서 시작된답니다.

또 미술도 잘해야 해요. 도형 공부를 잘하려면 모양에 대한 이해가 있어야 하거든요. 상상력도 뛰어나야 해요. 공간에 대해 감을 느끼는 것도 중요하고요. 미술 시간에 그림을 그리고 찰흙 인형 만들기를 하는 것들은 모두 수학 공부를 하는 밑거름이 된답니다.

노래를 잘하는 것도 도움이 되지요. 아무 소리나 마구 낸다고 노래가 되는 건 아니죠? 노래에는 질서가 있답니다. 어떤 음과 어떤 음이 잘 어울리고, 안 어울리는지 느끼는 질서 말이에요. 수학에도 그런 질서가 있어요. 노래를 즐겨 불러서 저절로 질서에 익숙해진다면 수학도 잘하게 될 거예요.

밥을 먹을 때 여러 가지를 골고루 먹어야 몸이 튼튼해지죠? 머리도 마찬가지예요. 수학, 과학과 같이 이치를 따지는 공부와 노래와 미술처럼 상상력과 창의력이 필요한 활동을 같이 할 때 우리 머리는 훨씬 더 튼튼해져요.

수학을 진짜 잘하고 싶다면, 다른 과목도 열심히 해 봐요.

재미난 퍼즐이 생각 힘을 쑥쑥 키워 준다

43

지금 혹시 수학을 잘하고 싶어서 문제집 한 권 풀고, 또 문제집 한 권 풀고, 풀고 또 풀고……. 이렇게 하는 친구들 있나요?

똑같은 문제를 열 번, 백 번 풀기만 한다면 정말 지겹지요. 계산을 잘하기 위해서는 계산을 많이 해 보는 게 중요하긴 하답니다. 하지만 그렇게 날마다 숫자만 가지고 씨름하다 보면 그만 질려 버리고 말아요.

그럼 재미있게 수학 공부를 하는 방법도 있을까요?

있어요. 하루에 몇 개씩, 날마다 퍼즐을 풀어 보는 거예요.

퍼즐에는 여러 가지 종류가 있어요. 계산 퍼즐, 추리 퍼즐, 그림 퍼즐, 성냥개비 퍼즐, 쌓기 나무 퍼즐, 농담 퍼즐……. 여러 가지 퍼즐에 도전해 봐요. 어느 틈에 부쩍 수학 실력이 높아져 있을 거예요. 재미난 퍼즐이 생각하는 힘을 쑥쑥 키워 주거든요. 계산, 추리, 도형, 논리, 공간 감각, 수학을 잘하기 위해서 꼭 알아야 할 많은 것들이 퍼즐에는 가득가득 들어 있답니다.

퍼즐은 책에도 있고, 컴퓨터 게임으로도 있어요. 또 인터넷에 들어가 보면 많은 퍼즐들이 기다리고 있답니다. 날마다 퍼즐을 푸는 취미를 붙여 봐요. 때리고 죽이는 전투 게임보다 머리를 쓰는 퍼즐이 더 재미있다는 걸 느끼게 될 거예요.

"너 또 컴퓨터 게임만 하는구나?"

엄마가 이렇게 야단치려고 하실 때면, 엄마 앞에서 당당히 말해 봐요.

"엄마, 이건 수학 공부예요. 퍼즐이라고요."

혹시 한 번도 퍼즐을 본 적 없는 친구가 있을지도 몰라 여기에 몇 개

준비해 두었답니다.

자, 어서 도전해 봐요.

숫자 퍼즐 '8'이라고 쓰인 숫자 카드 여덟 장이 있어요. 이 여덟 개의

8을 가지고 덧셈 식을 세워, 답이 1000이 되게 만들어 보세요.

 = 1000

성냥개비 퍼즐 다음 그림에서 성냥개비를 2개만 움직여서 삼각형 3개

를 모두 없애 보세요.

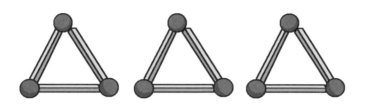

농담 퍼즐 지붕 위에 참새가 8마리 앉아 있어요. 한 사냥꾼이 공기총으

로 참새 두 마리를 쏘아서 맞혔답니다. 지붕 위에는 참새가 몇 마리 남

아 있을까요?

(해답은 228쪽에)

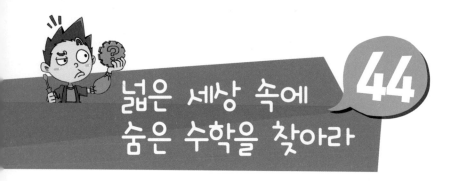

문구점에 가서 공책과 연필과 팽이를 샀어요. 거기서 모두 얼마인지 계산을 하지 못해 우물쭈물하고 서 있다면 참 창피스러울 거예요.

덧셈과 뺄셈을 배웠다면 '내가 얼마나 더 빨리 계산을 할 수 있는가' 시험해 봐요. 멍하니 서 있다가 문구점 아저씨가 내주는 대로 거스름돈을 그냥 받아오지 말고요.

원과 삼각형, 직육면체를 배웠다면 세상에 있는 물건 중에서 그 모양들을 찾아 보아요. 어떤 모양이 제일 많은지도 생각해 보고, 왜 아이스크림 콘은 뾰족하게 생겼는지도 생각해 봐요. 그리고 배운 말들은 멋지게 써먹어 보는 거예요.

"딸기 아이스크림, 원뿔 모양 콘에 담아 주세요."

"직사각형 도화지 다섯 장 주세요."

좀 우습긴 하지만, 이렇게 배운 말들을 써먹다 보면 절대로 잊어버리지 않게 될 거예요. 공부는 학교에서만 하는 게 아니랍니다. 놀이터에서도, 문구점에서도, 수학 공부는 언제 어디서나 할 수 있어요.

수학은 수학책에만 나오는 거라고 생각하나요? 그렇다면 수학책을 덮는 순간부터 머릿속에 수학이 하나도 남아 있지 않겠네요. 그건 너무 어리석은 일이에요. 수학책에만 나오는 수학이라면 우리가 그렇게 열심히 배울 필요도 없을 거예요. 수학은 책을 덮어도 세상 속에서 얼마든지 튀어나온답니다.

길이와 들이 재기, 시간 계산하기는 세상 속에서 흔히 찾을 수 있는 훌륭한 수학 공부예요. 우리는 늘 걸어다니고 물건들 속에 둘러싸여 있잖아요. 물건들의 길이가 어느 정도나 될지, 금방 걸었던 거리가 얼마나 될지 한번 생각해 보는 거예요. 때로는 자를 들고 재어 볼 수도 있고요.

또 우리는 많은 것들을 먹고 마시지요. 빵의 무게도 한번 재 보고, 우유의 들이가 얼마나 되는지 포장지를 자세히 들여다봐요.

게임을 하고 놀다 보면 시간 가는 줄 모르죠? 게임에 너무 푹 빠져 있을 때는 한 시간도 십 분 같기만 하지요. 그래도 시계가 있으니까 우리는 정확히 시간을 계산할 수 있어요. 시계 보는 법을 알면서도 시간 계산을 하지 않는다면 바보 같은 일이에요.

언제, 어디서든 세상 속에서 수학을 찾아 봐요. 수학책을 펼쳤을 때만 수학 공부를 하는 친구들보다 훨씬 앞서 갈 수 있어요.

좀만 더 힘내! 이제 마지막 게임이야!

친구들과 놀며 떠들며 수학 공부하는 법

친구들과 놀지도 않고, 혼자 책상에 코를 박고 공부만 한다고 실력이 빨리 느는 게 아니랍니다. 친구들과 이야기하며 수학 공부를 하는 게 더 좋아요.

친구를 수학 놀이에 끌어들일 만한 방법 하나 가르쳐 줄까요?

숫자 텔레파시

① 친구에게 1부터 10까지의 수 중에서 차례대로 이어지는 수 5개를 머릿속에 떠올리라고 하세요. 예를 들면 1, 2, 3, 4, 5와 같이 말이에요.

② 마음속에 떠올린 그 수들을 내가 맞혀 보겠다고 큰소리를 치세요.

③ 친구에게 다섯 숫자를 전부 더하라고 하세요. 그 다음에 합을 5로 나누고, 몫에서 다시 2를 빼라고 하세요. 그리고 최후에 남은 수가 얼마냐고 물어보세요.

④ 그 수가 1이었다면, 친구가 머릿속으로 생각한 수는 1, 2, 3, 4, 5랍니다. 최후에 남은 수가 3이었다면, 친구가 머릿속으로 생각한 수는 3, 4, 5, 6, 7이에요. 최후에 남은 수부터 이어지는 수 5개이지요.

친구와 함께 몇 번 해 보아요. 서로 생각한 수를 맞혀 보기로 하는 거예요. 그 다음에는 어떻게 해서 수를 맞힐 수 있는 건지, 친구와 함께 이야기를 나누어 봐요.

"이어지는 5개의 수를 더하면 어떤 일이 벌어지는 걸까?"

"더한 수를 5로 나눌 때 언제나 나누어떨어지곤 했어."

"이야, 그럼 이어지는 5개의 수를 더하면 항상 5의 배수가 되는 거네?"

친구와 이야기를 나누다 보면 이렇게 뜻밖의 비밀도 발견하게 된답니다.

나보다 똑똑한 친구와 이야기를 하다 보면 '기발하게 생각하는 법'을 배울 수도 있어요. 또 스스로 알아낸 '계산 빨리 하는 비법'을 들을 수도 있지요.

'그렇다면 언제나 나보다 똑똑한 친구와 이야기를 나누어야겠구나' 하고 생각하나요?

아니랍니다. 나보다 수학을 잘 못하는 친구와 이야기를 나누다 보면 더 좋은 선물이 기다리고 있어요. 그건 '남에게 설명을 해 줌으로써 더 잘 이해하게 된다'는 진리예요. 내가 잘 몰랐던 것이나 헷갈리던 것들도 남에게 설명을 해 주다 보면 정리되는 경우가 있어요. 가장 잘 배우는 방법은 남을 가르치는 것이랍니다. 직접 해 보면 느낄 거예요.

나보다 똑똑한 친구든 아니든, 친구와 이야기를 나누며 수학 공부하는 것은 언제나 나에게 도움이 돼요.

오늘 당장 해 봐요.

"너, 이거 알아? 네가 머릿속으로 생각하는 숫자를 내가 알아맞힐 수 있어."

이렇게 얘기하며 친구와 함께 수학의 세계로 발을 들여놓아요.

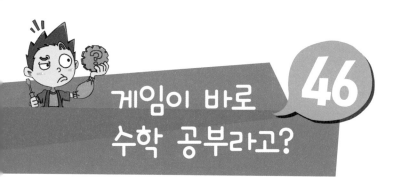

게임이 바로 수학 공부라고? 46

친구들과 함께 수학 공부를 할 수 있는 또 하나의 비법이 있어요. 재미있는 수학 게임을 만들어서 하는 거예요. 컴퓨터 게임만 게임은 아니지요. 나도 모르게 수학을 잘하게 만들어 주는 수학 게임도 많아요. 게임에서 최후의 승자가 되고 싶다면 머리에 땀이 나도록 열심히 해야 돼요.

수학 게임은 '퀴즈 게임 북' 같은 책에도 나와 있지만 직접 만들 수도 있어요. 어떤 게임을 만들 수 있을지 곰곰이 생각해 보아요.

우선 몇 가지 게임을 소개해 줄게요.

10 만들기 스피드 게임

친구와 둘이서 번갈아 수를 말하는 거예요. 그런데 두 번째 말하는 사람은 첫 번째 말한 사람의 수에다 더해서 10이 되는 수를 말해야만 해요. 예를 들어 친구가 '3'을 말했다면, 나는 '7'을 말해야 하는 것이죠. 이건 아주 쉬운 게임이니까 1초만에 '번쩍!' 하고 대답해야만 해요. 뜸을 들이며 늦게 말하면 지는 거예요.

20 만들기 스피드 게임

이번엔 합해서 20이 되는 수를 말하는 거예요. 내가 '6'을 말했다면 친구는 '14'를 말해야 하지요. 아직도 너무 쉽다면 '30 만들기 게임', '100 만들기 게임'으로 계속 높여 갈 수도 있어요.

주변에서 다양한 종류의 도형 찾기

우리 주변에 있는 물건들을 살펴보면 여러 가지 모양의 도형을 발견할 수 있어요. 삼각형, 사각형, 원, 직각삼각형, 이등변삼각형, 정삼각형, 직사각형, 정사각형, 정육면체, 구 등 다양한 모양들이 있지요. 친구와 함께 주변에 있는 도형 찾아내기 게임을 해 봐요. 더 많은 종류의 도형을 찾아낸 사람이 이기는 거예요.

암호 게임

'ㄱㄴㄷㄹㅁㅂㅅㅇㅈㅊㅋㅌㅍㅎ'을 1부터 14까지의 숫자에 짝지어요. 그리고, 'ㅏㅑㅓㅕㅗㅛㅜㅠㅡㅣ'를 15부터 24까지의 숫자에 짝지어요. 먼저 표를 만들어 두면 편해요. 그 다음에 하고 싶은 말을 암호로 만들어요. 글자를 숫자로 바꾸어 쓰는 거예요. 친한 친구끼리만 몰래 하고픈 말도 암호로 만들어 하면 돼요. 또 다른 방법으로도 암호를 만들어 봐요.

너무 어려워 똘아….

아니! 이렇게 쉬운 문제도 못 푸시면 어떻게 해요!! 공부 좀 하세요!

537-204 =?

앗

뭐야! 꿈이잖아. 에이, 좋았는데….

좋았어. 꿈에서처럼 이젠 내가 선생님이 되는 거야.

어려운 문제를 만들어야지!

똘순아!

오빠?

덜컹

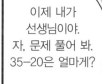

이제 내가 선생님이야. 자, 문제 풀어 봐. 35-20은 얼마게?

몰라….

35-20 =

아니! 그러니까 말야….

35-20=?

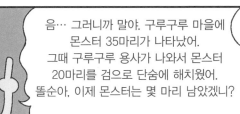

음… 그러니까 말야. 구루구루 마을에 몬스터 35마리가 나타났어. 그때 구루구루 용사가 나와서 몬스터 20마리를 검으로 단숨에 해치웠어. 똘순아, 이제 몬스터는 몇 마리 남았겠니?

그게 무슨 말이야?

??

똘이는 열심히 문제를 만들어 똘순이에게 가르쳤어요. 똘이는 꿈에서처럼 선생님이 되었답니다.

몇 달 뒤, 똘이는 수학 시험에서 백 점을 맞았어요. 그뿐 아니라 동생 똘순이는 다섯 살인데도 벌써 수를 세고, 덧셈을 하기 시작했답니다. 진짜냐고요? 믿기지 않는다면 한번 해 봐요.

내가 문제를 만드는 거예요. 그리고 내친 김에 아예 선생님이 되어서 동생이나 친구에게 설명해요. 그렇게 삼 년만 계속하면 수학 천재도 될 수 있답니다.

수학 문제를 풀었다고 해서 그 문제를 완벽하게 알고 있는 건 아니에요. 어떻게 푸는지, 왜 그렇게 되는지 남에게 설명할 수 있어야만 제대로 아는 거랍니다. 내가 문제를 만들어 보는 것은 수학 공부를 잘할 수 있는 가장 빠른 길이에요.

자, 지금 당장 한번 해 볼까요?

 다음과 같은 식이 나올 수 있는 문제를 직접 만들어 보아요. 그리고 친구나 동생에게 문제를 내 보아요.

1) $25 \times 30 =$

2) $(185 - 45) \times 2 =$

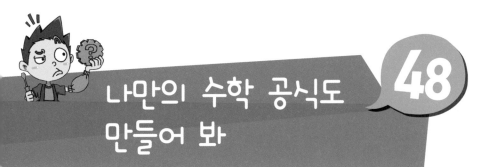

나만의 수학 공식도 만들어 봐 48

"수학 공식을 만들어? 외우기도 귀찮은 공식을 만들기까지 하라고?"

무턱대고 겁부터 낼 필요 없어요. 수학 공식을 만드는 일은 수학 공식을 외우는 일보다 훨씬 재미있으니까요. 그리고 직접 공식을 만들어 보면 수학 공식 외우는 일도 아주 쉬워진답니다.

수학 박사가 한번 되어 보고 싶지 않나요? 그럼 나만의 공식을 만들어 봐요.

그런데, 공식을 만들려면 어디서부터 어떻게 시작해야 할까요?

모든 공부는 지난번에 배운 데 다음부터 시작하지요? 마찬가지예요. 우리가 이미 배워 알고 있는 공식을 이용해서 만들면 되지요.

삼각형의 넓이를 구하는 공식 알고 있나요?

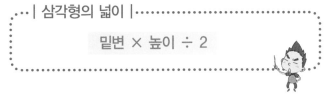

····| 삼각형의 넓이 |·····

밑변 × 높이 ÷ 2

이 공식이 어떻게 나왔는지 기억하나요? 공식을 처음 배울 때를 떠올려 봐요.

먼저 직사각형을 하나 그려 보았어요.

대각선을 하나 그어 볼까요?

직사각형을 대각선으로 가르면 두 개의 똑같은 삼각형이 나오지요.

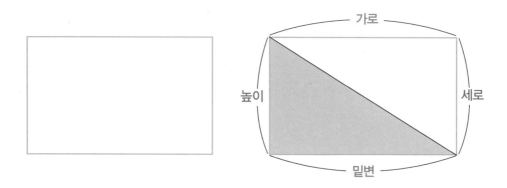

그림에서 알 수 있듯이, 삼각형의 넓이는 직사각형 넓이의 반이 돼요.

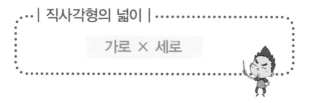

삼각형에서는 가로, 세로 대신에 밑변, 높이라고 이름만 다르게 부를 뿐이랍니다. 삼각형의 넓이는 직사각형 넓이의 절반이니까 ÷2를 한 것이에요.

공식을 외울 때는 그 공식이 어떻게 나왔는지 꼭 알아 두세요. 그래야만 절대 잊어버리지 않는답니다.

이제, 알고 있는 삼각형의 넓이 공식을 가지고 나만의 수학 공식을 만들어 볼 차례예요. 이런 도형의 넓이는 어떨까요?

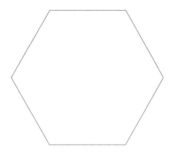

　　정육각형이라고 하는 도형이에요. 각도 여섯 개, 변도 여섯 개이고 변
의 길이는 모두 똑같지요. 그래서 이름이 정육각형이랍니다.

　　정육각형을 가만히 뜯어보면 여섯 개의 똑같은 삼각형들로 이루어져
있다는 걸 알 수 있어요. 그걸 이용해서 정육각형의 넓이 공식을 만들
어 보는 거예요.

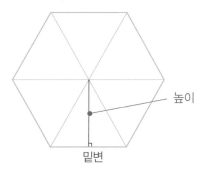

높이

밑변

　　삼각형 여섯 개의 넓이를 모두 더하면 정육각형의 넓이가 나오겠죠?

　　그럼, 정육각형의 넓이 공식을 만들어 봐요. 똑같은 삼각형이 6개이
니까, 삼각형의 넓이×6 하면 되겠네요.

> ┄┄| 정육각형의 넓이 |┄┄┄┄┄┄┄┄┄┄┄┄┄┄┄┄┄┄┄┄┄
>
> 삼각형의 넓이 × 6
>
> = (밑변 × 높이 ÷ 2) × 6
>
> = 밑변 × 삼각형의 높이 × 3

이렇게 해서 정육각형의 넓이 공식을 다 만들었어요.

어렵지 않죠? 이미 배워서 알고 있는 공식을 살펴보며 머리를 잠깐 굴려 주면 된답니다.

자, 이제는 혼자서 직접 또 다른 공식을 만들어 봐요. 알고 있는 공식을 응용해서 만들어요. 다 만들면 선생님과 친구들에게 당당하게 자랑해요.

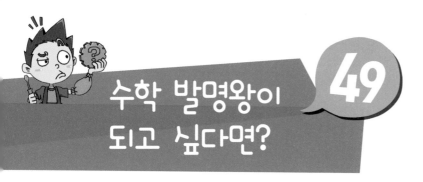

"아차! 숫자 하나 잘못 써서 또 답을 틀려 버렸네……."

이럴 때가 있지요. 수학은 정확해야 하기 때문에 조금이라도 실수를 하면 답을 맞힐 수가 없어요. 그래서 혹시 수학은 너무 완벽하다고 생각하고 있진 않나요?

"수학처럼 완벽한 건 사람이 만들 수 없어. 신이 만든 게 틀림없어!"

그렇지 않아요. 수학이 완벽하기만 한 것은 아니랍니다. 우리가 교과서에서 배우는 수학은 답이 딱딱 정해져 나오기 때문에, 완벽하게 다 짜여진 틀이라고 생각하기 쉽지요. 하지만 아직도 수학에는 풀리지 않은 문제들이 있어요. 누군가 풀어 주기를 기다리고 있지요. 그리고 아직 채 만들어지지 않은 부분도 많답니다. 수학도 얼마든지 발명할 수 있어요.

우리가 배우는 덧셈, 뺄셈, 곱셈, 나눗셈과 같은 계산법도 옛날에 누군가가 발명해 낸 것이랍니다. 그뿐인가요? 숫자도 발명해 낸 것이에요. 만 년 전에는 숫자가 하나도 없었답니다.

그렇다고 수학자들이 제멋대로 숫자나 기호나 약속 등을 발명한 것은 아니에요. 사실 자연 속에 들어 있는 규칙들을 정리한 것이지요. 자연 속에는 만 년 전부터 수학이 잔뜩 들어 있었던 것과 다름없어요.

새로운 계산법이나 도형을 찾아내 보는 건 어때요? 위대한 발명왕이 될 수도 있답니다.

우리가 날마다 쓰고 있는 컴퓨터는 누가 만들었을 것 같아요? 기계 만드는 전문가가 만들었을까요? 아니면 과학자가 생각해 냈을까요?

컴퓨터는 수학자가 발명했어요. 계산을 빠르고 쉽게 하기 위해 계산기를 찾던 수학자들이 만든 거예요. 그리고 그 컴퓨터를 이용해서 수학자들은 더 많은 발명을 하고 있어요.

계산하는 게 귀찮다면 새로운 계산법을 발명해요.

좋아하는 친구의 마음을 알고 싶다면, 친구의 기분에 따라 달라지는 곡선의 법칙을 발명해 봐요.

수학에도 발명할 것들이 아주 많아요. 아직 발견하지 못한 틈새를 찾아내 21세기의 수학 발명왕이 되어 보세요.

가자미눈 뜨고 의심해 보는 것도 수학 지름길

수학은 정확한 답을 원해요. 그런데 어떤 때는 정확한 답을 찾지 못하게 방해를 하기도 해요. 얄밉게도 말이죠. 하지만 우리를 놀리려고 하는 것은 아니랍니다. 더 잘 보고, 정확하게 생각하는 연습을 시키기 위해 그러는 거예요. 가끔씩 우리 눈이나 머리가 착각을 하기도 하니까요.

다음 그림을 봐요. 그림 위에 세로로 그어진 선들은 모두 곧바른 직선이에요. 간격도 모두 일정하답니다. 그런데 그렇게 보이지가 않지요? 선들은 모두 삐뚤빼뚤해 보여요. 우리 눈이 착각을 일으키는 거예요. 착시 현상이지요.

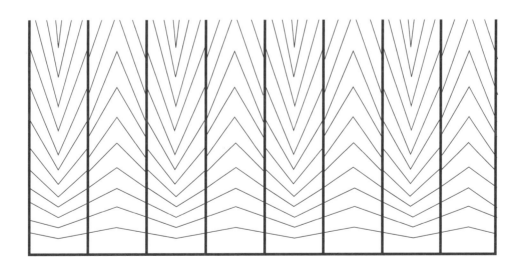

가늘게 실눈을 뜨고 보면 직선이 제대로 보일 거예요. 또 자를 갖다 대 봐도 알 수 있어요.

수학 문제를 풀려고 할 때에도 우리 눈이나 머리는 이렇게 착각을 일으킬 수가 있답니다. 눈에 보이는 것이나 머릿속에 당장 떠오르는 것을 한 번쯤 의심해 보는 것이 필요해요.

다음 그림에서 작은 정사각형은 모두 몇 개일까요?

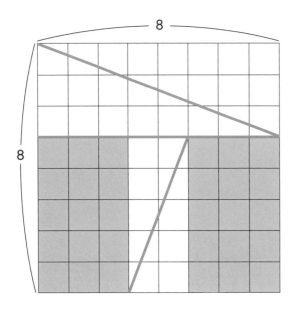

가로가 8개, 세로가 8개씩이니까 8×8=64, 모두 64개이겠군요. 의심스러워서 세어 봐야겠다고요? 아, 벌써부터 의심을 할 필요는 없답니다. 그래도 의심스럽다면 세어 보아도 좋아요.

이 그림을 오려 보았어요. 그림처럼 선을 그어 오려서 다르게 모아 봤어요. 그림을 잘 눈여겨 보세요. 어떻게 오리고 어떻게 모았는지 꼼꼼히 살펴봐야 해요.

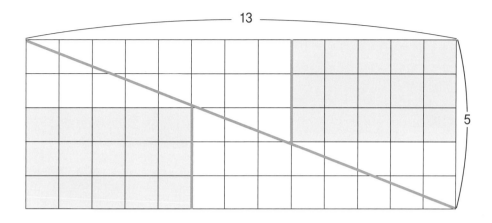

이제 이 그림의 작은 정사각형이 모두 몇 개인지 세어 볼까요?

가로가 13개, 세로가 5개니까 13×5=65, 65개?

아니, 이게 어떻게 된 일인가요? 작은 정사각형 하나가 더 늘었잖아요? 도대체 한 개는 어디서 온 것일까요?

자, 드디어 의심해 봐야 할 순간이 온 것이에요. 오리고 붙인 그림을 다시 한번 잘 살펴봐요. 분명히 오려 낸 모양과 돌려 붙인 모양이 똑같은가요? 칸을 세어 봐요.

아무리 봐도 똑같은 것 같지요?

그럼 실제로 처음의 64개짜리 그림을 만들어서 선을 그어 오려 봐요. 그 다음에 직접 오른쪽 그림처럼 붙여 보려 하면 이유를 알게 될 거예요.

그림에서 보이는 것과는 달리, 실제로 붙이려 하니까 직사각형이 만들어지지 않지요? 기울기가 달라서 그렇답니다. 저 그림에 속았던 거예요.

우리의 눈이 보는 것이나 바로 떠오르는 생각은 한 번쯤 의심해 봐야만 해요. 얼핏 봤다간 착각을 일으키기 쉽거든요.

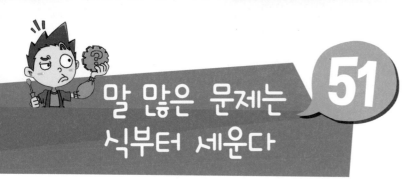

엄마를 찾아 길을 떠난 귀여운 아기 코알라가 멋

진 아름드리 나무에 다다랐습니다. 그 나무 꼭대

기에는 엄마가 살고 있다고 들었습니다. 코알라는

나무 위로 기어오르기 시작했어요. 그런데 잠꾸러

기 아기 코알라에게는 이상한 잠버릇이 있었답니

다. 그것은 잠을 자면서 나무에서 미끄러져 내려오

는 버릇이었어요. 코알라는 낮에 땀을 흘리며 6m

를 올라갈 수 있답니다. 그런데 밤마다 잠을 잘 때

면 4m를 도로 미끄러져 내려오는 것이었어요. 나무의 높이는 10m랍니다.

이 꼬마 코알라가 나무 꼭대기까지 오르려면 며칠이나 걸릴까요?

내려오지마!

이 문제 참 말이 많죠? 문제 읽다가 시간이 다 지나가 버리겠어요. 시간이 오래 걸려도 문제를 제대로 풀기만 한다면 좋겠는데, 다 읽고 나니 아무 생각도 안 난다면 곤란하죠.

긴 문장으로 되어 있는 문제를 풀 때에는 식을 잘 세워야만 해요.

숫자와 식만 나와 있는 문제는 그냥 계산을 하면 되지만, 말이 많은 문제는 식을 세우는 것부터 시작해야 돼요.

"식을 세우지 않고는 문제를 풀 수가 없나요?"

"식 세우는 게 더 골치 아파요."

그렇지 않아요. 식을 세우면 문제는 훨씬 더 간단해진답니다. 문제가 짧아져 머릿속에 금방 들어오게 되지요. 또 식을 세우면 필요 없는 부분을 잘라내기 때문에 바로 계산을 시작할 수 있답니다.

그럼 식을 세우는 비법을 알려 줄까요?

❶ '뭘 물어보고 있지?'

가장 먼저, '뭘 물어보는가'를 생각해 봐야 해요. 물음표 앞의 문장을 특히 신경 써서 보면 돼요. 물어보는 내용에 대한 장면을 상상해 봐요.

❷ 짧게 정리!

필요한 얘기만 추려서 짧게 적어요.

'낮에 6m 올라가고, 잘 때 4m 미끄러진다.'

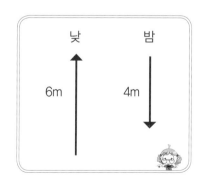

❸ 그림으로 정리!

짧게 정리한 내용을 그림으로 그려 봐요.

❹ 어림짐작하기!

'6m 올라가고, 4m 미끄러지면 얼마 못 올라가겠는데? 올라간 만큼에서 내려온 만큼을 빼야 하는 거 아닐까?'

어떤 식으로 풀어야 이야기와 맞을지 짐작해 보는 거예요.

❺ + - × ÷ 고르기!

이야기에 맞게 하려면 어떤 계산을 해야 할지 결정해요.

❻ 식 세우기!

여기까지 차근차근 생각했다면 식을 세우는 것쯤은 문제도 아니랍니다.

$$(6 - 4) + (6 - 4) + 6 = 10$$

하루 　　이틀 　　사흘째의 낮

하루에 2m씩 올라가니까, 하루째 2m, 이틀째 4m까지 올라갔고, 어? 사흘째 낮에 6m를 올라갔더니 벌써 나무 꼭대기네? 아아, 사흘이 걸리는구나.

다 끝났어요. 식만 잘 세우면 얼마든지 긴 문장으로 문제가 나와도 거뜬히 해낼 수 있답니다.

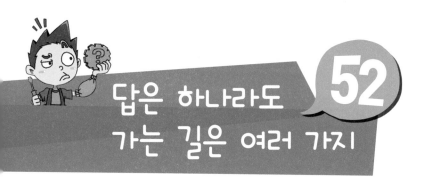

답은 하나라도 가는 길은 여러 가지

　학교에서 집까지 가는 길은 몇 갈래인가요? 딱 하나의 길만 있지는 않을 거예요.

　곧바로 집으로 갈 때는 가장 빠른 길로 가면 되지요. 문방구에 들렀다 가는 길도 있을 테고요. 떡볶이를 먹기 위해 떡볶이집에 들렀다 가는 방법도 있을 거예요. 친구를 데려다 주고 가기 위해 친구네 집을 거쳐 조금 멀리 돌아갈 때도 있지요.

　수학 문제를 푸는 길도 하나만 있는 게 아니랍니다. 딱 한 가지 방법으로만 수학 문제를 푸는 것은 평생 동안 똑같은 젓가락질을 연습하는 것과 같아요.

　"더 간단하고 재미있는 풀이법은 없을까?"

　"왜 꼭 저런 방법으로 풀어야 하는 걸까?"

　여러 가지 생각들을 해 봐요. 생각지도 못했던 골목길이 펼쳐질 거예요.

　집으로 가다가 하루는 강아지를 따라 낯선 골목으로 가 보았어요. 그곳엔 몰랐던 지름길이 있었답니다. 하지만 어느 날 갑자기 낯선 골목으로 들어서면 길을 잃어버릴 수도 있어요. 마찬가지로 새로운 방법으로 수학 문제를 풀겠다고 했다가 아예 길을 잃어버릴지도 몰라요. 길을 잃지 않으려면 어떻게 해야 할까요?

낯선 길로 접어들었다 집을 찾아갈 때, 골목골목 길을 잘 알고 있으면 길을 잃어버리지 않아요. 수학 문제를 풀 때도 이미 알고 있는 것들을 여러 가지로 활용하면 길을 잃어버리지 않을 수 있어요.

여러 갈래 길을 알게 되었다면 그중에 내 맘에 쏙 드는 길을 선택할 수도 있어요.

아래 그림에서 돌멩이는 모두 몇 개일까요?

하나하나 세어 보면 알 수 있지요.

그런데 이 돌멩이들을 세는 방법에는 여러 가지가 있답니다.

3 1 + 2 + 3 + 4 + 5

+ 4 + 3 + 2 + 1

─────────────

5 + 5 + 5 + 5 + 5

↓

5 × 5 = 25

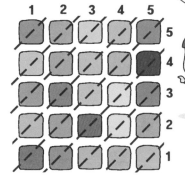

대각선으로 세어 보면 어떨까?

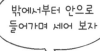

ㄴ자 모양으로 세어 보자

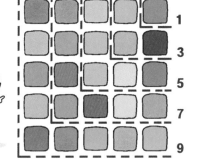

4 1 + 3 + 5 + 7 + 9 = 25

5 3 + 7 + 9 + 5 + 1 = 25

계단식으로 세어 볼까?

박에서부터 안으로 들어가며 세어 보자

6 16 + 8 + 1 = 25

세는 방법이 이렇게 다양하다는 걸 알고 보니 재미있죠? 내가 늘 쓰는 방법도 있고, 어떤 방법은 생각지도 못했던 것이에요.

"쉬운 방법 하나만 알면 그만이지……."

그건 아니랍니다. 다양한 방법을 생각하다 보면 더 많은 것들을 알게 돼요. 수와 모양에 대한 이해가 깊어져요. 또 여러 가지를 알아 두면 다음에 써먹을 수도 있답니다. 이 골목 저 골목 다니다 보면 생각지도 못했던 멋진 놀이터를 발견하기도 하는 것처럼 말이에요. '다음에 저기서 놀아야지.' 하고 기억해 두면 마음이 부자가 되는 것 같지요.

수학 공부에서도 골목길들을 잘 챙겨 둬요. 꼭 써먹을 데가 있을 거예요.

수학엔 언제나 정답이 하나만 있을까요? 답을 구하는 방법에는 여러 가지가 있다 해도 답은 결국 하나뿐일까요?

"답이 여러 개인 수학 문제가 있다면 참 좋을 거예요. 그러면 여러 친구들이 다 다른 답을 말해도 모두 맞을 수 있잖아요."

시험을 치를 때는 답이 하나인 문제뿐이에요. 그러나 실제 생활 속에서 수학을 찾을 때는 꼭 답이 하나만 나오는 건 아니랍니다. 여러 개의 답이 나올 수도 있으니, 이 궁리 저 궁리 다양하게 생각해 봐요. 여러 친구의 답 가운데 누구의 답이 가장 그럴싸한지 따져 보세요.

"15÷4는 얼마일까요?"

이 문제의 답을 두 개 이상 찾아 봐요. 생활 속에서 일어날 수 있는 일을 다양하게 상상해 봐요.

$15 \div 4 = 3\frac{3}{4}$ 이지요.

똘이

멍이

$15 \div 4 = 3.75$예요.

팡팡이와 똘이, 멍이의 답은 맞는 게 틀림없어요. 그런데 나나와 통통이의 답은 좀 이상해요. 틀린 것 아닐까요? 나나와 통통이는 어떤 생각을 했는지 들어 봐야겠어요.

일요일에 우리 가족은 공원에 놀러가기로 했답니다. 가족은 모두 15명이에요. 택시에는 4명씩 탈 수 있어요. 우리 가족이 모두 타려면 택시가 몇 대 있어야 할까요?

그렇군요. 이런 경우에는 답이 분명히 4가 되네요. 택시를 탈 때에는 자리는 남아도 되지만, 사람이 4명 이상 더 탈 수는 없으니까요.

우리 엄마는 숙제를 열심히 하면 딱지 하나씩을 준답니다. 딱지가 4개 모이면 용돈을 천 원씩 주셔요. 나는 딱지를 15장 모았어요. 내일이 친구 생일이라 용돈을 받으려고 합니다. 천 원짜리 몇 장을 받을 수 있을까요?

답은 천 원짜리 3장이에요. 딱지는 3장 남았지만 그걸로는 용돈을 더 받을 수는 없으니까요. 4장이 다 모여야만 천 원을 더 받을 수 있지요.

나나와 통통이의 생각처럼 생활 속에서는 답이 다양하게 나올 수 있어요. 답은 꼭 하나만 있다고 고집하기 전에, 이 궁리 저 궁리 다양하게 생각해 봐요.

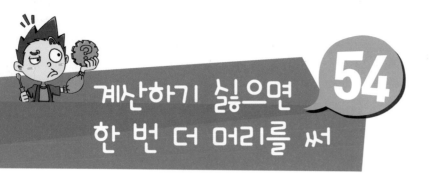

계산기만 있으면 복잡한 세 자리 곱셈과 나눗셈도 얼마든지 할 수 있어요.

"아, 그럼 제발 수학 시험 볼 때 계산기 하나씩만 나눠 줘요. 계산은 정말 귀찮단 말예요!"

쯧쯧, 맛있는 밥을 차려 줬는데도 숟가락으로 떠먹기 귀찮아서 굶어 죽었다던 어느 게으름뱅이가 생각나는군요.

이걸 알아야 해요. 계산할 줄 모르면 사람이 계산기를 만들 수도 없었다는 것!

그래도 계산하기가 귀찮을 땐, 머리를 써요. '어떻게 하면 빨리 계산을 할 수 있을까?' 지름길을 찾는 거예요. 무작정 계산만 하는 것보다는 한 번 더 머리를 쓰는 일이 귀찮지도 지루하지도 않을 테니까요.

$$5 \times 5 = 25$$

$$15 \times 15 = 225$$

$$25 \times 25 = 625$$

$$35 \times 35 = 1225$$

위의 계산을 보고 45×45를 구해 봐요.

잠깐! 계산하지 말고 생각만 해 봐요. 잘 들여다봐요. 뭔가 보이지 않나요?

"아! 끝의 두 자리는 항상 25예요."

그래요. 45×45도 끝의 두 자리는 25가 되겠군요. 또 다른 규칙은 없을까요?

"5 앞에 아무것도 없을 때는 25 앞에도 아무것도 없고, 1이 있을 때는 2가, 2가 있을 때는 6이…… 뭔가 규칙이 있는 것 같은데?"

정리해 보면 이렇게 돼요.

$$
\begin{aligned}
0 &\rightarrow 0 \\
1 &\rightarrow 2 \\
2 &\rightarrow 6 \\
3 &\rightarrow 12 \\
4 &\rightarrow ?
\end{aligned}
$$

이것을 눈으로만 보지 말고 소리 내어 읽어 볼까요?

"0은 0, 1은 2, 2는 6, 3은 12……."

구구단에서 많이 외워 본 숫자들 같다는 생각이 드는데요?

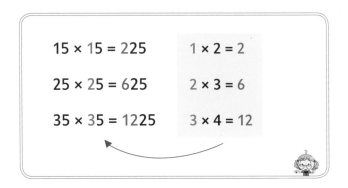

앞에 있는 숫자에다 하나를 더한 숫자를 서로 곱했지요. 그렇다면 4×5=20, 45×45=2025가 되는 걸까요? 좋은 생각이에요. 관찰을 열심히 하면 규칙을 찾아낼 수 있답니다.

답이 의심스러우면 이제 연필을 들고 곱해 봐도 좋아요.

"머리를 쓰라고요? 연필을 들고 곱셈하는 것보다 생각하는 게 더 오래 걸리는데 무슨 소용이에요?"

하지만 한번 규칙을 찾아내면 그 다음은 저절로 나오잖아요.

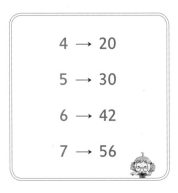

$$55 \times 55 = 3025$$

$$65 \times 65 = 4225$$

$$75 \times 75 = 5625$$

$$\vdots$$

척척 구할 수 있지요.

수학에는 질서와 규칙들이 많이 있어요. 손으로 계산하기 싫으면 머리로 규칙을 찾아내는 거예요. 한 번 더 머리를 쓰는 게 계산만 하는 것보다 재미도 있잖아요. 일단 한번 방법을 익혀 두면 점점 쉬워지는 게 수학이랍니다.

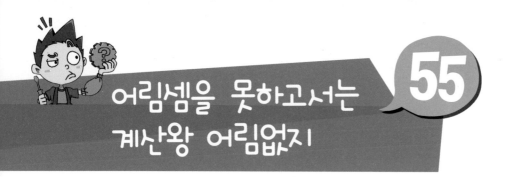
어림셈을 못하고서는 계산왕 어림없지

초등학교에서 배우는 수학의 반 이상이 셈에 관한 것들이에요. 덧셈, 뺄셈, 곱셈, 나눗셈. 우리는 중요한 셈법을 모두 초등학교에서 배운답니다. 계산을 못하면 수학을 잘하기는 다 틀렸지요. 계산을 잘하기 위해서는 셈의 의미부터 알아야 해요.

"두 사람이 버스를 타고 가려 해요. 한 사람 버스비가 550원이에요. 두 사람은 모두 얼마를 내야 하나요?"

이런 상황에서 어떤 셈을 해야 할지 아는 것, 그게 바로 셈의 의미를 아는 것이랍니다.

이 경우에는 두 가지 방법이 있어요.

① 550 + 550 = 1100

② 550 × 2 = 1100

두 사람 버스비를 계산하는 것은 덧셈이나 곱셈을 이용해야 하지요. 뺄셈이나 나눗셈으로 계산하려 한다면 어떨까요? 뺄셈을 하다니 말도 안 된다고요? 그렇게 생각했다면 셈에 대해 잘 알고 있는 것이에요.

이제 진짜 계산을 해야 할 때예요.

버스를 타거나 물건을 살 때마다 종이와 연필을 꺼내 계산을 할 수는 없어요. 그럴 때 우리는 머리셈을 해야 돼요. 때로 정확히 계산을 못해도 어림할 줄은 알아야 한답니다. 머리셈을 잘하기 위해서는 어림셈을 연습해야만 해요. 어림셈을 잘해야만 계산왕이 될 수 있지요.

어림셈은 왜 필요할까요? 어림셈으로 전체를 예상할 수 있기 때문이에요.

"슈퍼마켓에 물건을 사러 갔어요. 손에는 5000원짜리 지폐 한 장을 들고 있어요. 과자 1개에 1500원, 우유가 470원, 아이스크림이 2400원이에요. 5000원으로 이것들을 모두 살 수 있을까요? 없을까요?"

어림셈으로 예상해 봐요. 과자와 우유와 아이스크림을 합해서 얼마쯤 될까요? 500원 단위로 어림잡아 생각해 보면 쉬워요.

"과자 1500원, 우유 500원쯤, 아이스크림 2500원쯤. 모두 4500원쯤이 되겠군. 그럼 5000원으로 이것들을 다 살 수 있겠네."

생활 속에서는 이렇게 어림셈을 해 볼 상황이 자주 생긴답니다. 어림셈은 꼭 필요한 셈 연습이에요. 또, 어림셈을 자꾸 하면 수에 대한 감각이 길러지기 때문에 머리셈을 빨리 할 수 있게 돼요.

계산왕이 되는 첫걸음, 어림셈을 잘할 수 있는 연습을 해 봐요.

이런 식으로 익히는 거예요.

첫째, 수를 5 중심으로 익히는 연습을 해요.

6은 5보다 1이 크고, 7은 5보다 2가 크며,

4는 5보다 1이 작고, 3은 5보다 2가 작다.

둘째, 10을 만드는 두 수를 잘 알아 둬요.

1과 9, 2와 8, 3과 7, 4와 6, 5와 5.

셋째, 어림셈을 할 때는 가장 높은 자릿수가 중요하다는 것을

잊지 마세요.

'278+714는 1000을 넘을까요? 넘지 않을까요?'

가장 높은 백의 자릿수가 2+7이니까 900이네요. 1000을 넘어갈 가능성도 있지요? 다음 자리에서 받아올림이 될 수 있으니까요. 그럼 십의 자리를 봐요. 7+1은 8이니까 받아올림이 되지 않아요. 1000을 넘지 않을 것 같다고 예상해요.

이런 생각을 재빨리 머릿속으로 해낼 수 있으면 어림셈을 아주 잘하는 거예요.

공부를 하는데, 운동을 하거나 춤을 출 때처럼 몸으로만 하려는 친구들은 없을 거예요. 당연히 머리를 쓴다는 걸 알고 있지요. 그런데 머리를 반만 쓰려고 하는 경우가 있어요. 그러지 말아요. 기왕 머리를 쓸 바에는 100% 쓰는 거예요.

13+17과 같이 간단한 덧셈을 하는데도 숫자만 보면 무조건 연필을 들고 써서 계산하려고 해선 안 돼요. 그러면 머리가 반, 손이 반을 푸는 것이랍니다. 물론 손을 이용하지 말란 얘기는 아니에요. 문제를 풀 때는 이용할 수 있는 도구는 모두 이용하는 게 좋아요. 하지만 머리 쓰는 것을 자꾸만 뒤로 미루면 안 돼요.

가끔은 몽땅 머리만으로 문제를 풀려고 해 보는 것이 좋아요. 머리셈은 머릿속으로 생각을 하면서 빠르게 계산하는 연습을 하게 해 줘요. 머리셈은 자꾸 해 보면 머리가 좋아지는 든든한 재산이에요.

다음 문제를 가만히 머리만으로 생각해 봐요. 손은 무릎 위에 가만히 놔둬요.

여기 다트 판이 있어요. 판은 각각 1, 3, 5, 7점 이 쓰여 있는 네 구역으로 나뉘어 있어요. 화살 을 다섯 발 쏘아서 모두 맞혔어요. 나올 수 있는 점수가 아닌 것은 무엇일까요?

① 5점 ② 8점 ③ 13점 ④ 17점 ⑤ 21점

문제에 보기가 있으니까 보기를 하나하나 보면서 생각하면 돼요.
5점은 다섯 발 모두 1을 맞힌 경우겠군요.

5점

13점은 1을 세 번, 3을 한 번, 7을 한 번 맞힌 경우도 되고, 1을 두 번, 3을 두 번, 5를 한 번 맞힌 경우도 되지요.

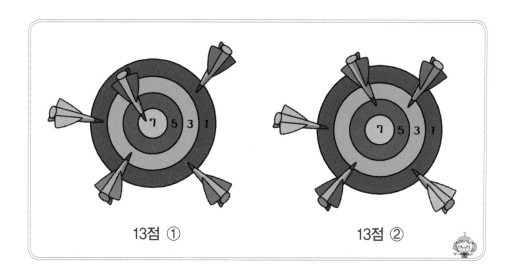

13점 ①　　　　　　　　13점 ②

'다트 판에 화살이 어떻게 꽂혀 있을까'를 상상하며 머리셈을 해 보면 답을 찾을 수 있어요.

꽤 복잡하지요? 하지만 머리셈 연습을 하기에는 아주 좋은 문제랍니다.

너무 복잡해서 포기하고 싶은 친구들을 위해서 더 쉬운 방법도 알려 줄게요.

점수는 1, 3, 5, 7점, 모두 홀수뿐이에요. 그리고 화살을 모두 다섯 발 쏘았다고 했죠. 홀수를 홀수 번 더하면 홀수가 나올 수밖에 없답니다. 보기 중에 2번만 짝수이지요? 답은 2번이에요.

역시 머리셈보다 더 좋은 건 '한 번 더 머리를 쓰는 것'이에요. 계산하기 싫을 땐 머리로 규칙을 찾아요. 머리셈을 하다 보면 머리 쓰는 법도 덩달아 배울 수 있을 거예요.

계산 빨리 하는 비결을 알고 싶니? 57

진짜로 계산왕이 되고 싶다면, 이것만은 꼭 알아 두어야 해요.

❶ 꼭 외워 둬야 할 숫자들이 있다!

❷ 숫자를 그림처럼 볼 수 있어야 한다!

❸ 노래 부르듯 숫자의 리듬을 익혀야 한다!

"숫자를 외워야 해? 숫자를 노래처럼?"

눈을 동그랗게 뜨고 뒷걸음질치고 싶다면 지금 당장 책을 덮어도 좋아요. 정말 계산왕이 되고 싶은 사람만 따라오면 되니까요.

❶ 꼭 외워 둬야 할 숫자란 무엇일까요?

가장 먼저 외워야 할 건 구구단이에요. 구구단쯤은 벌써 옛날에 다 외워 뒀다고요?

좋아요. 그럼 그 다음에 외워야 할 숫자들이 있어요.

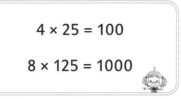

$$4 \times 25 = 100$$

$$8 \times 125 = 1000$$

이것들은 가장 기본이에요. 100이나 1000같이 깔끔한 숫자로 만들어지는 숫자 쌍은 꼭 외워 둬야 한답니다. 외워 두면 계산이 아주 쉬워지니까요.

다음은 '2의 가족들'이랍니다.

2 4 8 16 32 64 128 256 512 1024 ……

이 수들은 2부터 시작해 2를 거듭 곱해 나간 수들이에요. 외워 두면 아주 큰 도움이 되는 숫자들이지요.

'2의 가족들'을 다 외웠으면, '3의 가족들'로 넘어가요. 3을 거듭 곱해 나간 수들이죠.

3 9 27 81 243 ……

3의 가족들은 이 정도까지만 외워도 충분해요. 물론 더 외우고 싶다는 친구는 말리지 않아요. 4의 가족들, 5의 가족들도 찾아 봐요.

그 밖에도 외워야 할 여러 가지 수가 있어요.

25를 1배, 2배, 3배, 4배한 수들이에요.

25 50 75 100

15를 1배, 2배, 3배, 4배한 수들이에요.

15 30 45 60

또 어떤 수들을 외워 두면 좋을까 더 생각해 봐요. 특징이 있는 수들을 스스로 찾아낸다면 벌써 계산왕이 되어 있을지도 몰라요.

❷ 숫자를 그림처럼 보라는 건 어떻게 하라는 걸까요?

1부터 10까지 수를 세어 봐요. 단, 소리를 내지 말고 속으로 세어요.

어떻게 했나요? 소리 내어 입으로 말하는 대신, 마음속으로 '하나, 둘, 셋……' 말하며 세었나요?

말을 하며 세는 것 말고 또 다른 방법이 있어요. 하루에 한 장씩 날짜가 쓰여 있는 달력을 넘기는 것처럼 눈으로 보며 세는 거예요. 바로 이것이 '숫자를 그림처럼 본다'는 것이에요. 처음부터 이런 방법으로 수를 센 친구도 있을 거예요. 사람마다 속으로 수를 세는 방법은 다르답니다.

마음속으로 말을 하며 '하나, 둘, 셋……' 하고 세었던 친구들은 달력 넘기기처럼 세는 방법으로 한번 해 봐요.

계산을 진짜 빨리 하고, 수에 대한 감각이 뛰어난 천재들은 보통 이렇게 숫자를 마음속에서 눈으로 본다고 해요. 숫자를 그림처럼 눈으로 보는 연습을 자꾸 하다 보면, 머릿속 어딘가에 수많은 숫자들이 다 보인답니다.

❸ 숫자의 리듬을 노래 부르듯 익히라는 건 무슨 뜻인가요?

음치인 친구의 노래를 들으면 재미는 있을지 몰라도 듣기에 편안하지는 않지요. 노래에는 어떤 리듬과 규칙이 있는데, 음치는 리듬과 화음을 깨고 제멋대로 부르기 때문이에요. 피아노에서 '도미솔'을 한꺼번에 누르면 듣기 좋지만, '도파시'를 누른다면 듣기 싫은 소리가 나올 거예요. 화음 때문이지요.

수학에도 리듬과 화음이라는 규칙이 있어요. 그 규칙들이 자연스럽게 몸에 배어야만 계산을 빨리 하는 천재가 될 수 있답니다. 노래를 부를 때마다 화음이나 리듬을 머리로 생각하며 부르는 게 아니잖아요. 그저 몸에 익은 대로 '랄랄라~' 하고 부르는 것이죠. 수학의 규칙들도 그렇게 몸에 익어야 해요.

"화가 나면 1부터 98까지 빨리 세어 봐."라고 말하는 사람은 아마 거의 없을 거예요.

"화가 날 때는 1부터 10까지 세어라. 그래도 화가 안 풀렸을 때는 1부터 100까지 세어라."

이렇게 말을 하지요.

왜 꼭 10이거나 100일까요?

수에는 산맥이 있기 때문이에요.

사람 손가락이 열 개이기 때문에 우리는 10을 기준으로 수를 생각하는 거예요. 1부터 100까지 빨리 세다 보면, 우리는 저도 모르게 10, 20, 30, 40……을 고비로 한 번씩 숨을 돌린답니다. 머릿속에 이미 10을 기준으로 숫자들이 저장되어 있는 것이에요. 1부터 10까지 사이에서도 리듬을 탈 수 있어요. 5라는 작은 산맥이 있으니까요.

편안히 누워서 1부터 100까지 세며 음악을 듣듯이 리듬을 느껴 봐요. 어울리는 화음도 찾아 봐요. 앞에서 이야기한 외워 둬야 할 수들이 아름다운 화음으로 들려올 거예요. 1부터 100까지 수를 세면서 사이사이 산맥과 리듬을 다 느낄 수만 있다면, 계산을 빨리 하는 것쯤은 식은 죽 먹기가 될 거예요.

58 나누어떨어지는 수를 귀신같이 찾아내는 법

나누어떨어지는 수를 빨리 찾는 비법이 있어요. 이 비법만 알고 있다면 나눗셈도 걱정 없고, 약수를 찾는 일도 아주 쉽답니다. 중학교와 고등학교 때까지 두고두고 도움이 되는 비법이에요. 꼭 알아 둬요.

먼저 구구법을 살펴봐요. 나누어떨어지는 수는 구구법 속에 들어 있으니까요.

3, 6, 9, 12, 15, 18, 21, 24, 27은 모두 3으로 나누어떨어지는 수예요.

구구법 4단에 들어 있는 수는 모두 4로 나누어떨어지는 수랍니다. 모든 단이 다 마찬가지예요.

그런데 구구법에는 수가 81까지밖에 없어요. 그보다 큰 수의 약수를 구할 때는 어떻게 할까요? 그 비법을 가르쳐 줄게요.

▶ 2로 나누어떨어지는 수: 모든 짝수는 2로 나누어떨어진다.

▶ 3으로 나누어떨어지는 수: 각 자리에 있는 수를 모두 더해서 3의 배수가 되는 수.

예) 153의 각 자리에 있는 수를 더하면 1+5+3＝9입니다. 9는 3의 배수입니다. 그럼 153은 3으로 나누어떨어지지요.

▶ 4로 나누어떨어지는 수: 끝의 두 자리가 4로 나누어떨어지면 된다.

예) 13416은 끝의 두 자릿수가 16이에요. 16은 4의 배수니까 13416은 4로 나누

어떨어집니다.

▶ 5로 나누어떨어지는 수: 끝자리가 0이나 5인 수는 모두 5로 나누어떨어지

는 수이다.

▶ 6으로 나누어떨어지는 수: 일단 짝수여야 한다. 그리고 3으로도 나누어

떨어져야 한다.

▶ 7로 나누어떨어지는 수: 숫자가 세 자리나 네 자리일 때만 찾을 수 있다.

예) 십의 자리와 백의 자리 사이를 갈라 놓으세요. 예를 들어, 539라면 5와 39 사이를

갈라 놓는 거예요. 그 다음에, 앞의 수 5에 ×2를 하면 5×2=10이지요.

그 수 10을 뒤의 수 39에 더해요. 39+10=49.

계산한 수 49가 7의 배수이면 7로 나누어떨어집니다.

▶ 8로 나누어떨어지는 수: 끝의 세 자리가 8로 나누어떨어지면 된다.

예) 17328은 끝의 328만 나누어 보면 됩니다.

3328이 8로 나누어떨어지면, 17328도 8로 나누어떨어집니다.

▶ 9로 나누어떨어지는 수: 각 자리의 수를 더해서 9의 배수가 되면 9로 나누어떨어집니다.

▶ 10으로 나누어떨어지는 수: 끝자리가 0이면 10으로 나누어떨어집니다.

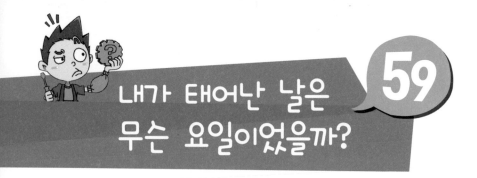

내가 태어난 날은 무슨 요일이었을까?

"오늘부터 꼭 천 년 뒤의 날은 무슨 요일일까……?"

똘이는 갑자기 궁금해졌어요.

"에이, 천 년 뒤는 너무 멀어서 도저히 알 수 없을 거야. 달력도 없 잖아."

똘이는 너무 금방 포기했어요.

천 년 뒤의 날이 무슨 요일인지 알아내는 것쯤은 하나도 어렵지 않 답니다. 오늘이 무슨 요일인지만 알고 있다면 말이죠. 알아내 볼까요?

오늘부터 꼭 천 년 뒤의 날이라면, 1년이 365일이니까 천 년이면 365000일…….

잠깐, 잊지 말아야 할 게 있어요. 4년마다 한 번씩, 1년이 366일이 된 답니다. 그래서 천 년 동안에는 250일이 더 생겨요. 그러니까 천 년은 365250일이에요.

'오늘이 월요일이라면 365250일 뒤의 날은 무슨 요일일까?'

이 물음은 '오늘이 월요일인데 열흘 뒤는 무슨 요일일까?' 하는 물음 과 똑같은 방법으로 구하면 돼요. 7로 나누기만 하면 된답니다. 중요한 건 나머지예요.

$$10 \div 7 = 1 \cdots\cdots 3 \,(나머지)$$

일주일은 7일이니까 7일마다 똑같은 요일이 되지요. 나머지가 3이면 3일 뒤의 날과 같은 요일, 즉 목요일이에요.

$$365250 \div 7 = 52178 \cdots\cdots 4\,(나머지)$$

천 년 뒤의 날은 나머지가 4예요. 그럼 금요일이랍니다.

아주 간단하죠? 일주일이 7일이라는 것 외에 아무런 비밀도 없어요.

똘이가 갑자기 또 궁금한 게 있대요.

"내가 태어난 날은 2001년 2월 3일인데, 그날은 무슨 요일이었을까?"

이건 조금 복잡하답니다. 2001년 2월 3일이 오늘로부터 며칠 전인지 알아야 하니까요. 하나하나 세어 보려니 좀 막막하죠?

걱정 마세요. 수학자들이 이미 공식을 만들어 놓았답니다. 그날의 연, 월, 일만 알면 요일을 알 수 있는 신기한 공식이에요. 요일을 알고 싶다면 먼저 '그날의 수'를 계산해야 해요.

$$\text{'그날의 수'} = (\bigstar - 1) + \left[\frac{\bigstar - 1}{4}\right] - \left[\frac{\bigstar - 1}{100}\right] + \left[\frac{\bigstar - 1}{400}\right] + \bigcirc$$

- ★은 알고 싶은 날이 몇 년인지 그 수를 넣어요.

- ◎은 알고 싶은 날이 그 해가 시작된 지 며칠째 날인지 그 수를 넣어요.

- 분수 부분을 계산할 때는 나누기를 해서 몫만 챙기면 돼요.

공식은 좀 복잡하지만, 공식에 넣고 계산만 하면 돼요.

계산에 자신이 없다면 포기해도 좋아요. 그냥 '이런 공식도 있구나' 하고 알고만 있어도 좋아요. 수학으로 이런 것도 알아낼 수 있다는 것만 기억해요.

만약 꼭 알고 싶은 날이 있다면 한번 해 봐요.

예를 들어 똘이의 생일은 2001년 2월 3일이니까, ★에는 2001을 넣고 ◎에는 34(1월의 날수 31+2월의 날수 3)를 넣어요. 분수 계산에서 몫만 챙기는 것을 잊지 말아요. 나머지는 버려요.

'그날의 수' = 2000 + 500 − 20 + 5 + 34 = 2519

그 다음엔 '그날의 수'를 7로 나누어 요일을 알아내요.

나머지가 없으면 일요일이고, 나머지가 1이면 월요일, 2이면 화요일…… 이렇답니다.

$$2519 \div 7 = 359 \cdots\cdots 6(\text{나머지})$$

똘이가 태어난 날은 나머지가 6이니까 토요일이에요.

복잡한 곱셈을 진짜 빨리 하는 신비한 방법 60

계산을 빨리 하는 사람들에게는 저마다의 특별한 비법이 있어요. 그 비법은 계산을 자꾸만 하다 보면 저절로 알게 되는 게 보통이에요. 하지만 비법을 알려면 기본부터 쌓아야 해요.

먼저, 기억력이 중요해요. 암산의 천재나 속셈의 천재들은 1부터 1000까지의 제곱을 모두 기억한답니다. 제곱은 같은 수끼리 두 번 곱하는 걸 말해요.

그러니까, 1×1, 2×2, 3×3, 4×4……… 이런 식으로 1000×1000까지를 다 외우고 있다는 뜻이에요. 굉장하죠? 계산을 빨리 한다는 건 거저 얻어지는 게 아니랍니다. 그만큼 노력을 해야 하는 거예요.

관찰력도 꼭 필요해요. 수에는 노래처럼 리듬이나 화음 같은 규칙이 있어요. 그 규칙을 살피는 관찰력이 있어야 자기만의 속셈 비법도 만들어 낼 수 있답니다.

자신 없다고 꼬리 내리지 말고 차근차근 출발해 봐요.

곱셈을 진짜 빨리 할 수 있는 비법 몇 가지를 살짝 가르쳐 줄 테니 말이에요.

예)15X15
25X25

마지막 자리가 5인 두 자리 수의 제곱을 빨리 구하기

제곱은 같은 수를 두 번 곱하는 거라고 했지요. 예를 들어 25×25를 빨리 구하려면 어떻게 하면 될까요?

끝의 두 자리는 무조건 25가 된답니다. 그리고 그 앞에다가 5 앞에 있던 숫자, 즉 2와 거기다 1을 더한 숫자의 곱을 쓰는 거예요.

25 × 25 = <u>625</u>
끝에는 무조건 25, 그 앞에는 2×3=6

한 번 더 연습해 볼까요?

45 × 45 = <u>2025</u>
끝에는 무조건 25, 그 앞에는 4×5=20

이제 확실히 알겠죠? 15×15부터 95×95까지 다 구해 봐요.

예)12X18
23X25
34X36

십의 자릿수가 같고, 일의 자릿수는 합해서 10이 되는 두 자리 수 곱셈

예를 들어, 74×76을 해 봐요.

일의 자릿수는 서로 곱해요. 4×6=24이지요.

그걸 끝에다 쓰고, 그 앞에는 십의 자릿수 7과 거기다 1을 더한 숫자의 곱을 쓰는 거예요.

74 × 76 = 5624

끝에는 4×6=24, 그 앞에는 7×8=56을 쓴다

한 번 더 해 봐요.

28 × 22 = 616

끝에는 8×2=16을 쓰고, 그 앞에는 2×3=6을 쓴다.

여러 가지 예를 만들어서 계산해 보고, 보통 방법대로 곱셈을 해서 확인해 봐요.

예)936X909
972X928

1000보다 조금 작은 수를 서로 곱할 때 곱셈 빨리 하기

백의 자리가 9인 두 수의 곱셈을 생각해 봐요. 예를 들어 998×987을 계산하는 거예요. 보통 방법으로 하려면 굉장히 복잡하겠죠?

빨리 하는 방법도 조금 복잡하지만, 한번 해 보면 익숙해질 거예요.

빨리 하는 방법은 이렇게 해요.

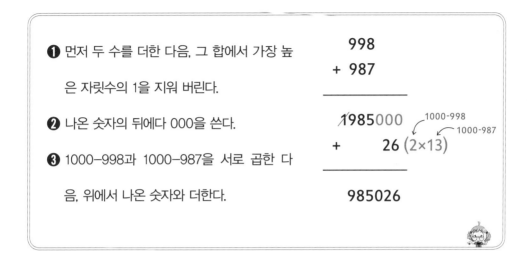

● 먼저 두 수를 더한 다음, 그 합에서 가장 높은 자릿수의 1을 지워 버린다.

❷ 나온 숫자의 뒤에다 000을 쓴다.

❸ 1000−998과 1000−987을 서로 곱한 다음, 위에서 나온 숫자와 더한다.

한 번 더 해 볼까요? 992×990을 같은 방법으로 계산하는 거예요.

보통 방법대로 곱셈을 해서 답이 맞는지 확인해 보아요. 빨리 하는 방법이 훨씬 더 간단하다는 걸 느낄 거예요.

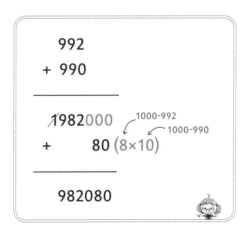

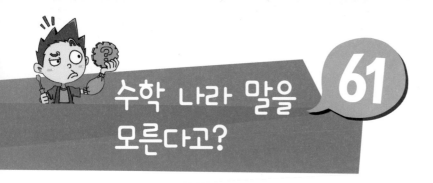

"미국 사람과 이야기를 나누고 싶은데 영어 단어를 하나도 모른다면?"

그 미국 사람이 한국말을 할 줄 모른다면 이야기를 나누고 싶은 꿈은 포기해야겠죠.

"수학을 잘하고 싶은데 $+ - \times \div =$ 가 무슨 뜻인지 모른다면?"

그야 물론 수학 문제를 하나도 풀 수가 없지요.

수학을 잘하려면 기호와 친해져야 해요. 기호는 수학 나라의 글자랍니다. 수학 나라의 말도 글도 모르면서 수학과 친해질 수는 없어요.

깊고 깊은 산속에서 산딸기만 따 먹고, 토끼만 잡아먹으며 살던 산돌이가 어느 날 산 밑으로 내려왔어요.

$$3 + 5 = 8$$

산돌이는 이런 수식이 쓰인 종이를 발견했어요. 그런데 도대체 무슨 말인지 하나도 알 수 없었답니다. 분명 산돌이도 산딸기를 세 개 따 먹고 좀 있다가 다섯 개를 따 먹으면, 모두 합해서 여덟 개라는 것쯤은 알고 있어요. 하지만 수학 문제는 하나도 풀 수가 없지요.

$+ - \times \div =$ 와 같은 수학의 기호들은 모두 약속이기 때문이에요. $+$ 는 '더해라', $-$는 '빼라'는 약속이란 걸 우리는 알고 있지만, 산돌이는 그런 약속을 한 적이 없기 때문에 하나도 알 수가 없는 거예요.

우리도 수학 시간에 약속한 것들을 기억하지 못하면 수학 공부를 할 수가 없어요. 중학교, 고등학교에 올라가면 더욱 더 많은 수학 기호가 나온답니다. $\infty \ \sqrt{\ } \ \int \ \Sigma$ 이런 것들이에요. 무슨 뜻인지 하나도 모르겠죠?

수학을 잘하려면 기호가 처음 나올 때 그 뜻이 무엇인지 잘 알아 두어야만 해요. 안 그랬다간 수학책을 아무리 들여다봐도 외계인이 남겨 놓은 암호처럼 느껴지게 될 테니까요.

수학 나라의 글자인 기호만 안다고 끝나는 게 아니에요. 수학에는 그 밖에도 많은 약속들이 들어 있답니다.

"세 변의 길이가 같은 삼각형을 정삼각형이라고 합니다."

"직각보다 작은 각을 예각이라고 합니다."

이런 말들이 모두 약속이에요.

"정삼각형이라고? 정이 많은 삼각형인가?"

"변이 뭐야? 변이라면 화장실의 그…… 냄새 나는……?"

수학 시간에 이처럼 엉터리 같은 상상만 하고 있어서는 곤란하잖아요.

잊지 말아요. 수학 나라의 말들은 처음 배울 때 머릿속에 꽉 집어넣어 두어야만 해요. 그래야만 조금씩 조금씩 어려워지는 수학과 멀어지지 않을 수 있어요.

무니 무니 해도 개념을 모르면 헛일

정글에서 태어나 늑대들 틈에서 자라게 된 아이가 있었어요. 그 아이는 늑대 울음소리를 내고 사냥을 하며 살고 있었답니다. 어느 날, 정글 탐험을 하던 탐험가가 아이를 발견하여 서울로 데리고 왔어요. 아이를 말끔히 씻기고 옷을 입혔지만, 그 아이는 완전한 사람이 되지는 못했어요. 왜냐면 말을 할 줄도 모르고, 수를 셀 줄도 몰랐기 때문이에요.

그 아이가 초등학교에 들어가 덧셈, 뺄셈을 할 수 있을까요? 불가능한 건 아니겠지만 아주 오랜 시간이 걸릴 거예요.

사실 늑대도 수를 전혀 모르는 것은 아니랍니다. 늑대의 가족이 5마리였다고 해 봐요. 아빠늑대가 사냥을 마치고 집으로 돌아가 보니, 집에는 3마리의 늑대가 누워 있어요. 그러면 아빠늑대는 새끼 1마리가 아직 들어오지 않았다는 걸 안답니다. 즉, 3+1+1을 해야 5가 된다는 사실을 알고 있는 거예요. 그 아이도 마찬가지로 덧셈을 전혀 모르는 건 아니랍니다. 늑대소년이 늑대보다 못할 리야 없지요.

그럼 문제는 뭘까요? 그 아이는 '덧셈'이라는 말을 모른다는 거예요.

만일에 '약분'이라는 말이 무슨 뜻인지 몰라서 약분하라는 문제를 풀지 못하는 친구가 있다면, 이 늑대소년과 다를 바가 없어요.

뭐니 뭐니 해도 개념을 모르면 말짱 헛일이에요. 개념은 우리가 약속한 말들이나 기호의 뜻을 말하는 거예요. 아무리 계산을 잘하는 친구라도 '약분'이란 말뜻을 모르고서야 연필을 들고 계산을 할 엄두도 못 내지요. '반지름'이 뭔지 모른다면 원의 반지름을 재 볼 수도, 계산해서 구해 볼 수도 없답니다. 계산만 잘하는 수학은 아무 소용도 없게 되어 버려요.

수학 공부를 할 때 가장 먼저 해야 할 일은 '개념을 이해하는 것'이라는 점을 잊어선 안 돼요. 새로운 개념을 처음 배울 때 허술하게 넘어가면 그 다음에 아무리 열심히 하려고 해도 힘들어요. 늑대소년이 초등학교를 다니는 것처럼 어려울 거예요. 안타까움의 눈물을 흘리지 않으려면 처음 배울 때 눈을 부릅떠 봐요.

모르는 게 두 개씩이나?
하나는 싹싹 지워 버려

63

모르는 게 하나만 있어도 골치 아픈데 두 개씩이나 있다면, 하나는 싹싹 지워 버려야 해요.

"문제에 나와 있는 걸 어떻게 지워 버리나요? 지우개로 지우라는 건 가요?"

복잡해선 풀기 어려우니까 문제를 간단하게 만드는 과정일 뿐이에요. 먼저 하나를 지워 두었다가 나중에 다시 살려 주면 된답니다.

 귤 1개의 값은 사과 1개의 값보다 100원이 쌉니다. 귤 3개와 사과 2개 를 사면 750원이 됩니다. 귤과 사과는 각각 얼마일까요?

문제에서 묻는 게 귤 값과 사과 값, 두 가지이지요. 이렇게 두 가지를 모를 때에는 일단 하나를 지워 버려야 해요. 귤을 지워 버리고 사과를 주인공으로 해 봐요.

먼저 문제를 식으로 나타내 보지요.

식도 두 개가 나와요.

$$귤 = 사과 - 100$$

$$귤 \times 3 + 사과 \times 2 = 750$$

식 하나는 지워 버려요. 귤을 없애면서 사과의 식으로 만들어요.

'귤=사과−100'이라고 했으니까, 위의 식의 '귤' 대신에 '사과−100'을 집어넣는 거예요.

$$(사과 - 100) \times 3 + 사과 \times 2 = 750$$

이제 사과만의 식 한 개만 남았지요. 그 다음에는 차근차근 풀어 보는 거예요. 괄호를 풀고 식을 정리해요.

$$사과 \times 3 - 300 + 사과 \times 2 = 750$$
$$\rightarrow 사과 \times 3 + 사과 \times 2 - 300 = 750$$
$$\rightarrow 사과 \times 5 = 1050$$

사과 5개의 값에서 300원을 빼면 750원입니다. 그럼 사과 5개의 값은 1050원이네요. 사과 1개의 값은 1050을 5로 나누어서 210원이 되지요.

"잠깐! 귤을 다시 살려 줘야 해요. 귤을 영원히 지워 버리면 안 돼요. 잠깐 지워 버린 것뿐이에요."

귤은 사과보다 100원이 싸다고 했으니까, 사과가 210원이면 귤은 110원. 귤을 다시 살리는 일도 간단하군요.

귤과 사과 둘 다 손에 들고 쩔쩔 매지 말아요. 모르는 게 두 개 나오면 일단 하나는 지워 버려요. 그리고 나중에 다시 살려 줘요.

수학 공부를 하다 보면 외울 것이 많이 나와요. 구구법부터 시작해서 도형의 넓이 공식까지 참 많은 것들을 외워야 한답니다.

그렇지만 무턱대고 외우다 보면 한도 끝도 없어요. 초등학교 때 나온 것들은 '새 발의 피'라고 할 수 있으니까요. 중학교, 고등학교 때가 되면 더욱 많은 공식들이 나와서 수학 싫어하는 친구들을 괴롭히지요. '피타고라스의 정리'가 나오면 피타고라스가 미워지고, '오일러의 법칙'이 나오면 오일러가 원망스러워지게 될 거예요.

수학책을 저음부터 끝까지 통째로 외울 자신이 없다면 모든 걸 외워서 해결하려는 생각은 말아요. 구구단을 100단까지 외울 자신이 없다면 너무 많이 외우려고 하지 말아요.

많은 것을 외우고 있는 사람이 꼭 머리가 좋은 건 아니랍니다. 사람의 뇌에는 외우는 기능만 있는 게 아니거든요. 오히려 외우는 것보다는 이해하고 추리하는 게 더 고차원적인 기능이랍니다. 텔레비전에 나온 천재 아이들을 본 적 있죠? 만일에 그 아이들이 외우는 데만 천재라면 그리 부러워할 것도 없어요. 물론 외우는 것도 훌륭한 능력이지만 그냥 외우기만 한대서야 '걸어 다니는 백과사전' 역할밖에 할 수 없지요.

공식이 나오면 '그냥 쓰여 있는 대로 외우기만 하면 되겠지.' 하고 생각해선 안 돼요.

똘이는 삼각형의 넓이 공식을 대충 외워 뒀어요. 그러고는 넓이 문제만 나오면 문제에 들어 있는 숫자들을 이리저리 집어넣어 계산했답니다. 그러던 어느 날, 똘이는 수학에게 복수를 당하고 말았어요. '날 그렇게 단순하게 봤단 말이지?' 하면서 수학 문제가 배배 꼬여서 나타난 거예요.

외우기만 해선 안 돼요. 이해해야 해요.

옆자리 친구의 이름만 외운다고 그 애와 친구가 되는 건 아니지요. 친구와 사귀려면 눈도 마주쳐 보고, 말도 나누어 봐야만 해요. 같이 놀 수도 있어야 친구가 되는 거죠. 수학에게 복수를 당하지 않으려면 수학하고도 사귀어 두어야 한답니다. 사귀는 방법은 이해하는 거예요.

"이 공식은 어떻게 해서 나온 걸까?"

"구구법의 특징은 뭘까?"

"이것과 저것의 차이점은 뭘까? 공통점은 없을까?"

이렇게 질문을 던지며 이해하려고 해 봐요. 마음을 이해하면 저절로 친구가 되는 것처럼 수학도 이해하면 저절로 외워져요. 뜻은 무시하며 그냥 외우려 하지 말고, 먼저 이해하려 노력해요.

"외우는 건 머리 나쁜 사람이나 하는 거야. 외우지 말랬어."

그러면서 똘이는 수학책을 부채 부치듯 휘리릭 넘겨보기만 했어요. 그날 이후 똘이의 수학 점수는 어떻게 되었을까요? 아마 썩 훌륭하진 않았을 거예요.

무조건 외우기만 하는 것이 나쁘다고 했지, 절대 외우지 말라고 한 건 아니랍니다. 꼭 외워야 할 것을 외우지 않고 대충 넘어가선 안 돼요.

'분수의 덧셈과 뺄셈을 할 때는 통분해야 한다'는 것을 외워 두지 않으면, 분수 계산이 나올 때마다 똘이처럼 수학책으로 부채나 부치는 수밖에 없어요.

공식은 반드시 외워야 해요.

아주 머리가 좋다면 혹시 공식을 외우지 않고도 답을 알 수 있을지도 몰라요. 한번 시험해 볼까요?

삼각형의 넓이 공식을 몰라요.

이 삼각형의 넓이를 구해야 하는데 어떻게 할까요?

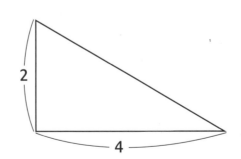

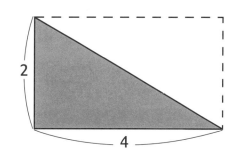

'직각삼각형은 직사각형의 반'이라는 걸 이용해서 구할 수 있어요.

그런데 직사각형의 넓이 공식조차 모른다면?

한참동안 머리를 갸웃거려야만 할 거예요. 생각하고 또 생각해 봐요. 어쩌면 번쩍! 하고 스스로 공식을 만들어 낼 수 있을지도 모르니까요. 하지만 시간이 아주 오래 걸린답니다. 시간이 많을 때라면 괜찮겠지만, 시험 시간에는 결국 답을 못 구하고 말 테지요.

괜히 후회하지 않으려면 **공식은 꼭 외워 두세요.**

구구단을 외우지 않고 수학 공부를 하겠다는 친구가 있다면 말리고 싶을 거예요. 곱셈 계산을 할 때마다 매번 수 모형을 그려 볼 수는 없잖아요. 시간이 너무 오래 걸릴 테니까요.

'꼭 외울 건 외워 둔다'는 것은 수학 재산을 쌓아 두는 일과 같아요. 급하게 돈 쓸 일이 생겼을 때 쌓아 둔 재산이 있다면 얼른 해결할 수 있어요. 아무것도 외우지 않고 수학 공부를 하려는 친구는, 급한 일이 생기면 그때부터 나가서 돈을 벌어 와 일을 해결하려 하는 사람과 같아요. 해결 못 하란 법은 없지만 그게 언제가 될지는 알 수 없어요.

머리 나쁜 사람만 외우는 건 아니에요. 외울 건 외워야 해요. 그러나 무작정 모든 걸 외워서 해결하려고 하지만은 말아요.

꽃과 지푸라기를 한 트럭 가져다주고 튼튼한 집을 지으라는 명령을 내린다면? 일꾼은 아마도 명령을 내리는 사람의 머리를 의심할 거예요.

도저히 풀 수 없는 수학 문제란 이와 같아요. 수학책이나 시험에서 도저히 풀 수 없는 문제는 없어요. 꽃과 지푸라기를 가지고 집을 지으라는 사람이 없는 것처럼 말이에요. 수학 문제를 풀라고 냈다면 적어도 벽돌과 시멘트는 준비해 줄 거예요. 문제에는 충분한 정보가 들어 있다는 얘기지요.

문제를 푸는 데 필요한 정보는 언제나 문제 속에 모두 들어 있답니다. 그러니까 답은 늘 문제 속에 들어 있는 셈이에요. 중요한 건 문제를 제대로 이해하는 것이지요.

숫자와 기호로만 이루어진 계산 문제라면 말할 것도 없어요. 기호가 이미 방법을 다 가르쳐 주고 있는 거예요.

$$5 + 3 =$$

이 문제를 보고 '5와 3을 더해라'라는 의미인 걸 알아채지 못한다면 좀 곤란해요. 그런 친구는 이 책을 처음부터 다시 읽어 봐야 할 거예요.

문제 속에 글이 들어 있는 문장제 문제를 풀 때에는 글을 잘 살펴봐야 해요.

 아람이는 색종이를 5장 가지고 있습니다. 한결이는 아람이가 가진 색종이의 4배를 가지고 있습니다. 한결이가 가진 색종이는 모두 몇 장일까요?

문제에 나온 글 속에서 중요한 단어를 찾아내서 무슨 문제인지를 알아내야 해요. 그러기 위해서는 계산법을 배울 때 그 뜻을 잘 알아 두어야 한답니다.

문제에 나온 글 속에 '4배'라는 말이 있지요. 배를 한다는 건 곱하라는 뜻이에요. '묶음'이란 말이 나올 때도 곱하라는 뜻이랍니다. '나누어 가진다'는 말이 있으면 물론 나눗셈을 하라는 뜻이에요. '차'라는 말이 나오면 뺄셈을 하라는 이야기예요.

아무리 복잡한 문제가 나와도 두려워할 필요는 없어요. 언제나 문제 속에 답을 알 수 있는 정보가 들어 있다는 것만 잊지 않으면 문제는 곧 풀릴 거예요.

흥!

선생님은 늘 십진법을 잊지 말라고 해 놓고, 십진법이 다 무슨 소용이야! 어째서 1시간은 60분이냐고?

십진법이면 1시간은 10분이어야 하잖아. 맘에 안 들어! 선생님 말은 다 틀렸어.

응?

펑

넌 언제나 투덜거리기만 하냐? 그냥 외우면 되잖아. 나이가 몇 살인데, 아직도 시계 볼 줄 모르는 거냐? 1분은 60초, 1시간은 60분!! 외워! 외우라고!

저 악당 선생님은 소리만 지르고… 나, 수학 공부 안 할래!!

펑

켁!

뿅

똑똑아, 맘에 안 드는 게 있는 모양이구나. 맘에 안 드는 데는 다 이유가 있단다.

1시간이 60분인 건 정말 맘에 안 들지? 선생님이 그 이유를 가르쳐 줄까?

뭐야? 맘에 안 드는 데는 다 이유가 있다고? 이유 따위가 있을 게 뭐야? 근데, 이유를 꼭 알아야 하나? 그냥 외울까…?

음?

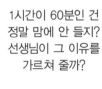

콱! 악당 돼 버려?

새로 배운 수학 교과서의 내용이 잘 이해되지 않아 투덜거리고 싶을 때는 이유를 찾아 봐요. 맘에 안 드는 것에는 다 이유가 있답니다.

똘이가 불만을 품는 것도 이해가 돼요. 수학 시간에 배우는 다른 수들은 모두가 10을 기준으로 하는 십진법이었어요. 그런데 어째서 시간만은 1시간이 60분인 걸까요?

시간은 하나, 둘, 셋 하고 셀 수 있는 '개수'가 아니라 물처럼 흐르는 '양'이기 때문이에요. 1시에서 2시로 별안간 바뀌는 게 아니라, 시간은 쉴 없이 조금씩 조금씩 흐르지요. 그래서 1시, 2시, 3시, 시만 중요한 게 아니었어요. 시간의 절반, 또는 절반의 절반 등을 알고 싶었지요.

"똘아, 1시에서 2시 사이에 만나자."

이렇게 약속을 한다면 어떨까요? 약속이 정확하지 않아 엇갈릴 염려가 있지요. 시간은 그 양을 정확하게 나누어 표시하는 게 중요해요.

하필이면 60이라는 수가 선택된 이유가 있어요. 60은 많은 수로 나누어지기 때문이랍니다. 60은 2로도 쉽게 나누어지고, 3으로도, 4로도, 5, 6, 10, 12, 15로도 나누어떨어지거든요.

만약 10을 기준으로 했다면 어려웠을 거예요. 10은 3으로 나누어도 나머지가 생기고, 4로도 나누어떨어지지 않아요. 그래서 시간은 60을 기준으로 하는 60진법을 쓰게 된 거랍니다. 분명한 이유가 있었던 거예요.

때로는 '이건 어쩐지 마음에 안 들어.' 하고 불만을 품는 것도 좋아요.

불만이 생긴 건 관심이 있다는 얘기니까요. 관심이 있으면 그 이유를 알고 싶어져요. 그럴 땐 선생님이 귀찮아 할 정도로 질문을 퍼부어 봐요. 불만은 풀리고 수학 실력은 부쩍 늘어날 거예요.

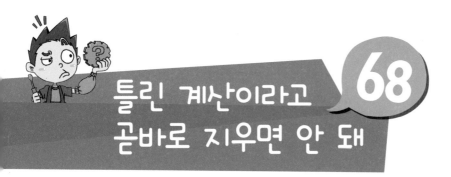
수학 문제를 열심히 풀고 나서 답을 맞춰 보았더니 틀린 게 여러 개 나왔어요. 옆에는 선생님이나 친구가 답 맞추는 것을 지켜보고 있어요. 그럴 때면 당장 얼굴이 빨개지겠죠? 그래도 문제를 풀어 놓은 것을 지우개로 싹싹 지워 버리지는 말아요.

틀린 답이 나오면 창피하고 무안해서 자기가 푼 것을 어서 지워 버리고 싶은 마음이 굴뚝 같을 거예요. 하지만 지우면 안 돼요. 틀린 계산은 중요한 정보를 담고 있기 때문이에요.

범죄 현장에는 범인이 흘린 단서가 남아 있죠. 탐정들은 그 단서와 흔적을 추적해서 범인이 누구인지 알아낸답니다. 틀린 계산을 꼼꼼히 들여다봐요. 거기에는 '내가 왜 틀렸는가' 하는 단서가 남겨져 있을 거예요. 그 흔적을 더듬어 답을 틀리게 만든 실수를 찾아내요.

나나가 채점을 하다가 답이 틀리자 얼른 자기가 쓴 답을 지우려 해요. 다 지워 버리기 전에 우리가 잠깐 볼까요? 나나의 답이 '왜 틀렸을까' 단서를 찾아 보세요.

문제 200ml들이 그릇과 500ml들이 그릇만을 이용하여 400ml의 물을 커다란 물통에 담으려고 합니다. 어떻게 담아야 하는지 방법을 알아보시오.

답: 200ml들이 그릇에 물을 가득 채우고, 500ml들이 그릇에 담는다.
다시 200ml들이 그릇에 물을 가득 채우고, 500ml들이 그릇에 담는다. 500ml들이 그릇의 물을 커다란 물통에 옮겨 담는다.

정답: 200ml들이 그릇에 물을 가득 채운다. 커다란 물통에 담는다. 두 번 반복한다.

사실 이 답은 완전히 틀린 것도 아니에요. 나나가 담은 양은 400㎖가 맞으니까요. 그린데도 나나는 정답과 다르니까 무조건 지워 버리기부터 하려고 했답니다. 답은 '200㎖들이 그릇에 물을 가득 채운다. 커다란 물통에 담는다. 두 번 반복한다.'였어요.

나나의 답은 사실 너무 복잡해서 적당하지는 않아요. 200㎖들이 그릇에 채웠던 물을 500㎖들이 그릇에 옮겨 담을 필요는 없거든요. 바로 커다란 물통에 담으면 되지요. 나나는 아마도 200㎖들이 그릇과 500㎖들이 그릇을 반드시 둘 다 써야만 한다고 생각했나 봐요.

틀린 문제의 답을 지워 버리지 않는다면 나중에 이렇게 곰곰이 생각해 볼 수 있어요. 다시 생각해 보고 이마를 탁 치며 무언가 느꼈다면 다음에는 틀리지 않아요. 성급하게 지우고 진짜 답을 써넣는 것만이 중요한 것은 아니랍니다.

지우개를 들고 지우기 전에 항상 자기가 썼던 계산이나 답을 다시 한 번 쳐다보세요.

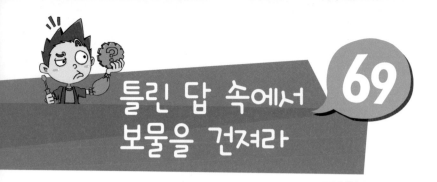

"날마다 정답만 맞혀서 늘 100점이라면 얼마나 좋을까?"

하지만 때로는 답을 틀려 보는 것도 좋아요. 먹고 체했던 적이 있는 음식은 잘 잊어버리지 않지요. 다음에 그 음식을 먹을 때면 조심하게 되고요. 수학 문제도 마찬가지예요. 한번 틀려 본 문제는 잊어버리지 않고 확실히 기억할 수 있어요. 그러려면 틀린 답 속에 들어 있는 보물을 찾아야만 해요.

똘이가 분수 덧셈을 했어요.

$$\frac{2}{5} + \frac{3}{11} = \frac{5}{16}$$

답이 틀렸네요. 분자는 분자대로, 분모는 분모대로 그냥 더해 놓았어요. 분수 덧셈을 할 때는 통분을 해야 하잖아요. 똘이는 그만 통분을 잊어버렸나 봐요.

그런데 똘이가 이렇게 얘기하고 있어요.

"우리 집 식구 5명 중에 2명이 자전거를 탈 줄 알고, 사촌 형네 식구 11명 중에 3명이 자전거를 탈 줄 알아요. 그럼 전부 16명 중에 5명이 자전거를 탈 줄 아는 거잖아요. 제 계산이 맞죠?"

아주 야무진 생각이에요. 분명히 똘이의 말대로 한다면 맞는 계산이잖아요. "그래, 그렇게 생각할 수도 있겠구나." 하고 얘기해 주고 싶어요.

하지만 물론 맞는 답은 아니에요. 왜 그럴까요? 수학의 계산 방법들은 하나의 약속이기 때문이랍니다. 분수의 개념이 틀렸던 거예요. 우리가 분수를 배울 때 11명 중에 3명을 $\frac{3}{11}$ 로 나타내기로 한 게 아니었지요.

분수가 나오면 피자를 떠올려야 해요. 분수는 한 판의 피자를 똑같은 크기의 여러 조각으로 나누었을 때 그중 몇 조각을 말하는 것으로 약속했어요. 저마다 분수를 제 마음대로 생각하면 정답이 있을 수가 없답니다. 그래서 약속을 한 거예요.

여기 똑같은 피자가 두 판 있어요. 하나는 5조각으로 나누었고, 또하나는 11조각으로 나누었어요. 5조각 짜리에서 2조각, 11조각 짜리에서 3조각을 그냥 더하려니, 크기가 들쭉날쭉 제멋대로가 되고 말지요. 그래서 통분이 필요한 거예요.

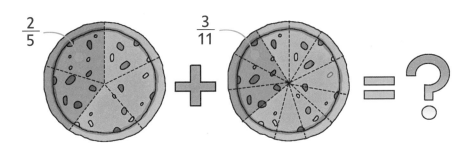

이제 똘이의 틀린 계산에서 보물을 찾아 볼까요?

〈보물 1〉 수학 문제를 풀 때면 언제나 약속을 지켜야 해요.

〈보물 2〉 분수 덧셈, 뺄셈을 할 때는 꼭 통분을 해야만 해요.

똘이는 답을 틀려 봄으로써 보물을 두 가지나 찾았어요.

틀려 보는 것도 좋아요. 정답은 아니지만 독특하게 생각해 볼 수 있어요. 그리고 한번 틀린 것은 다시는 잊어버리지 않을 수 있답니다. 틀리는 걸 겁내지 말아요.

 학교 운동장 한쪽에 20m의 울타리를 만들기로 했어요. 울타리에는 80cm

마다 하나씩 말뚝을 박기로 했어요. 말뚝은 모두 몇 개가 필요할까요?

수학 시간이에요. 오늘은 멍이가 문제를 풀 차례랍니다.

그동안 열심히 수학 공부를 했던 멍이는 자신 있게 문제를 풀었어요.
얼른 2000÷80=25를 계산했지요. 20m를 2000cm로 바꾸는 것도 잊지
않았어요.

"25개입니다!"

그런데 선생님은 답이 틀렸다면서 멍이더러 방과 후에 남아서 말뚝을
모두 박고 가라고 시켰답니다. 틀린 이유도 말해 주지 않으면서 말이죠.

그날 멍이는 해가 저물도록 말뚝을 박았어요. 직접 말뚝을 박아 본
멍이는 자기가 왜 틀렸는지 알아냈어요.

멍이가 미처 생각하지 못했던 게 있었어요. '울타리 양쪽 가장자리에는 둘 다 말뚝을 박아야 한다'는 것이지요. 25개의 말뚝만 박으면 한쪽 가장자리는 비어 있게 되는 거예요. 말뚝 하나가 더 필요했어요.

"그래. 너무 성급하게 계산만 했어. 그림을 한번 그려 볼걸……."

멍이는 공책에 쓴 계산 옆에다 그림을 그려 넣었어요. 그리고 그 옆에 '+1을 잊지 말자'라고 크게 써 놓았답니다. 틀린 답 속에서 보물을 찾아 낸 것이에요.

다음 날, 멍이는 수학 시간에 또 문제를 풀게 되었어요.

"멍아, 어제 말뚝 박느라고 고생 많았다. 오늘은 틀리지 말고 잘해 보렴. 오늘은 8일이다. 오늘부터 5일 동안 화장실 청소를 해야 한다면, 며칠까지일까?"

멍이는 잠시 생각을 한 다음에 자신 있게 대답했어요.

"오늘부터 5일이니까, 8+5=13. 선생님! 13일까지예요."

"안됐다. 또 틀렸구나. 멍이는 오늘부터 5일간 화장실 청소다."

멍이는 너무나 속이 상했어요.

'8+5는 13이 틀림없잖아. 근데 왜 답이 틀리다는 거야?'

수업 시간 내내 투덜거리던 멍이는 수업이 끝나자마자 벌떡 일어나서 교실 뒤쪽으로 달려갔어요. 달력을 보기 위해서였답니다.

"오늘부터 5일간이면…… 8, 9, 10, 11, 12…… 아니? 12일까지잖아? 그렇군. 오늘도 들어가니까 오늘 날짜부터 세어야 하는 거야."

멍이는 화장실 청소를 하러 가면서 머릿속에 '-1을 잊지 말자' 하고 새겼어요. 그리고 5일 동안 화장실 청소를 하느라 애썼답니다.

멍이가 이틀 동안 풀었던 문제는 비슷한 종류예요. 성급하게 계산만 했다가는 틀리기 쉬운 문제들이지요.

말뚝 박은 다음 날에 멍이가 좀 더 조심했더라면, 두 번째 문제는 맞힐 수 있었을 거예요. 생활 속에서 나온 문제를 계산할 때에는 혹시 '+1'을 하거나 '-1'을 해야 하지 않는지 잘 살펴봐야만 해요. '말뚝 가장자리'와 '오늘부터 5일에서의 오늘'을 기억해 둬요.

말뚝 박기와 화장실 청소를 연달아 하고 싶지 않다면, 틀린 문제는 또 틀리지 말아요. 한번 틀린 문제는 머릿속에 깊이깊이 새겨 둬요. 비슷한 문제가 나오면 잠시 머릿속을 뒤져 봐요. 기억해 둔 내용이 떠오르면 다시 틀리지 않을 거예요.

처음 숫자를 배우고 덧셈을 배울 때만 해도 재미있기만 했던 수학이 갈수록 어렵고 복잡해져요. 벌써부터 정이 뚝 떨어진 건 아닌가요?

"나눗셈, 분수 따위는 다 지구 밖으로 날아가 버려라!"

공부는 안 하고 이런 생각만 하고 있을지도 모르죠.

하지만 수학이 어느 날 갑자기 어려워지는 건 아니랍니다. **수학 공부는 차곡차곡 탑을 쌓는 것과 같아요.** 조금씩 조금씩 복잡해지긴 해도 하루아침에 갑자기 어려워질 순 없어요.

지금 수학이 어렵다고 느끼는 친구는 분명히 언젠가 수학 숙제를 하지 않고 축구를 하고 놀았을 거예요. 아니면 수학 시간에 선생님 말씀을 듣지 않고 멍하니 창밖을 쳐다보고 있었을지도 몰라요.

징검다리를 건너려 하는데 중간에 돌 하나가 떠내려가 버렸다면 어떨까요? 갑자기 개울을 건너기가 너무너무 어려워져요.

수학도 그래요. 무언가 건너뛰어 버린 것, 그냥 넘겨 버린 것을 찾아야만 해요. 그러기 위해서는 전에 배운 수학책을 들춰 보는 게 가장 좋아요. 다 배웠다고 생각해서 처박아 두었던 수학책을 당장 꺼내 와요. 그리고 처음부터 한 장 한 장 넘겨 봐요.

"아니? 작년엔 이렇게 쉬운 걸 배웠단 말야?"

우쭐한 자신감이 들 거예요. 어려운 것을 배우고 나서 쉬운 것을 돌아보면 더욱 쉽게 느껴진답니다. 곱셈을 배우고 나면 덧셈쯤은 누워서 텔레비전 보기처럼 쉽게 느껴져요.

"이런 것쯤이야!!"

그런데 조금 낯선 게 눈에 띌 수도 있어요. 바로 축구를 하거나 게임을 하느라 숙제를 빼먹은 부분이지요.

"앗! 분수란 게 바로 이런 것이었군!"

그 부분을 꼼꼼히 다시 읽어 보는 거예요. 그리고 문제도 풀어 봐요. 아마 어렵지 않게 풀 수 있을걸요? 작년에 배운 것이니까요.

지난 수학책을 탁! 하고 덮은 다음에 지금 배우는 수학책을 다시 펴 보아요. 이젠 자신감이 불쑥 솟아오르고 쉽게 느껴질 거예요. 잃어버린 징검다리 돌을 찾아낸 것이지요.

지금 배우는 수학이 어쩐지 어렵다고 느껴질 땐 지난 수학책을 들춰 봐요. 그 속에서 무심코 그냥 넘겨 버린 무언가를 찾아내요.

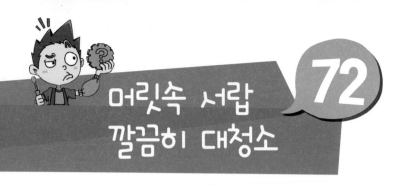
절대로 잊어버리지 않을 것만 같던 쉬운 내용도 시간이 지나면 조금씩 잊히기 시작해요. 배운 것들이 차곡차곡 쌓이는 게 아니라 다 어디로 도망가 버린 것처럼 느껴져요.

실망하지 말아요. 원래 사람은 조금씩 잊어버리게 되어 있어요.

배운 것들이 어디로 도망가는 것은 아니랍니다. 머릿속에 들어 있는 건 틀림없어요. 문제는 머릿속 어디에 들어 있느냐는 거예요.

사람의 머릿속은 많은 것들을 기억할 수 있도록 서랍이 아주 크답니다. 그 서랍을 잘 정리해 두지 않으면 여간해선 기억을 찾을 수가 없어요. 어린이들보다 어른들이 무언가 잘 잊어버리는 것 같은 이유도 그 때문이랍니다. 어른들은 머릿속에 들어 있는 것이 너무 많아서 서랍이 뒤죽박죽되어 버린 거예요.

머릿속을 하나의 커다란 방이라고 생각해 봐요. 장난감이며 책, 인형, 먹다 남은 과자 부스러기 등이 방에 가득 쌓여 있어요. 야구 글러브를 찾고 싶은데 어디 있는지 도무지 찾을 수가 없어요. 어떻게 해야 할까요? 정리를 해야겠지요?

우리 머릿속 서랍도 자주자주 정리를 해 줘야 해요. 서랍 정리를 하

지 않으면 뒤죽박죽이 되어 버려요. 시험을 보다가 이렇게 한숨을 쉬게
되지요.

"연비라고? 분명히 들어 본 적은 있는데…… 근데 어떻게 하는 거였
더라?"

자, 서랍 정리를 시작해요. 수학책을 꺼내서 차례 부분을 펼쳐 놓아요.
차례를 하나하나 짚어 가며 머릿속에 떠오르는 것들을 적어 봐요.

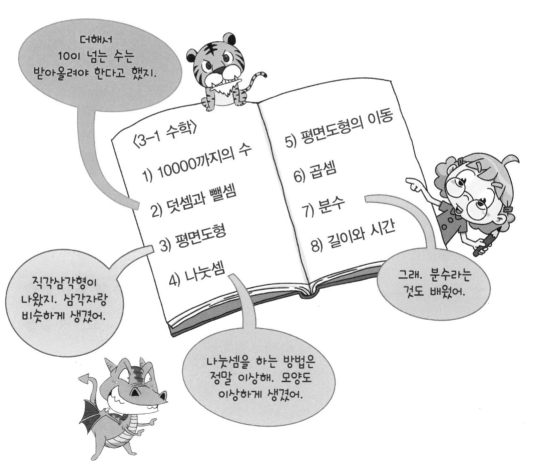

차례를 보고 있으면 이런저런 생각들이 떠오를 거예요. 차례 옆에다 그 단원에 나왔던 중요한 공식이나 풀이 방법 같은 것들을 기억나는 대로 써 봐요. 서서히 머릿속 서랍이 정리된답니다. '아하, 이런 게 있었지!' 하고 느끼는 게 중요해요.

특히 교과서 하나를 다 끝낸 방학 때 해 보면 좋아요.

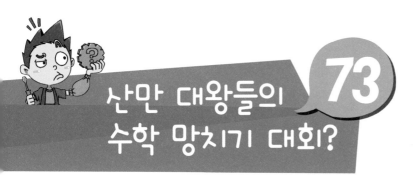

공부할 때는 절대 산만해선 안 돼요. 집중만 잘해도 공부를 반은 해낸 거예요.

산만하게 공부한 건 5분도 안 돼서 다 잊어버리고 만답니다. 빨리 놀러 나가고 싶어서 대충대충 시늉만 한 공부는 노는 동안 벌써 다 머릿속에서 빠져나가요.

수학 공부는 무엇보다도 생각하는 연습이에요. 또 머리를 쓰는 훈련이지요. 산만하다는 건 여러 군데에 신경을 쓰는 걸 말해요. 머리를 그렇게 여기저기 나누어 쓰다 보면 한 가지도 제대로 기억 못 해요. 정말 머리가 좋아지고 싶다면 수학 공부를 할 때는 꼭 집중해야 한답니다.

텔레비전을 끄고, 마음을 가라앉혀 집중할 준비가 되었다면 다음 문제를 풀어 봐요. 산만하게 풀었다가는 틀리기 딱 좋은 문제거든요.

3명의 농부가 3시간 동안 논 3마지기를 갈았습니다. 30명의 농부가 30시간 동안 일을 한다면 몇 마지기를 갈 수 있을까요?

언뜻 생각하면 답이 30마지기일 것 같아요.

농부	시간	간 논
3	3	3
30	30	30(?)

이 표처럼 산뜻하게 정리될 것만 같지요. 하지만, 그렇게 간단하지만은 않답니다. 집중해서 생각해 봐야 해요.

'농부 한 명은 1시간 동안 얼마나 일하는 걸까?'

3시간 동안 일한 양이 농부 3명에 3마지기예요. 그럼 농부 1명은 1마지기이죠. 3시간 동안 일한 거니까 다시 3으로 나누어야 해요.

$$3 \div 3 \div 3 = \frac{1}{3}$$

농부 한 명은 1시간 동안 $\frac{1}{3}$ 마지기의 논을 갈 수 있어요.

그럼 농부 30명은 1시간 동안 $30 \times \frac{1}{3} = 10$이니까 10마지기를 갈 수 있지요. 그런데 문제에서 농부 30명이 30시간 동안 일한다고 했으니까 다시 30을 곱해야 돼요.

$$30 \times \frac{1}{3} \times 30 = 300$$

답은 300마지기랍니다. 앞의 표는 틀렸어요. 알맞게 고쳐 봐요.

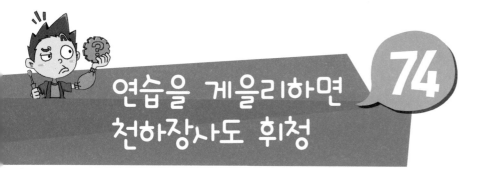

"나도 크면 박지성 아저씨 같은 축구 선수가 될 거야!"

그럼 당장 시작해야 할 건 바로 축구 연습이에요. 공을 머리맡에 두고 '하느님, 훌륭한 운동선수가 되게 해 주세요' 하고 기도하며 잠을 잔다고 훌륭한 선수가 될 수 있는 건 아니랍니다. 운동선수들은 모두 엄청난 연습을 하고 있어요. 편하게 놀고 싶어도 꾹 참고 말이죠.

운동은 팔, 다리, 허리 등 여러 곳의 근육을 써요. 근육은 늘 사용해야만 단련이 된답니다. 이틀 운동하고 열흘 쉰다면 근육이 다 풀어져 버려요. 박찬호 선수의 딱 벌어진 어깨, 김연아 선수와 박지성 선수의 튼튼한 다리는 모두 빈틈없는 연습으로 단련이 된 거예요.

머리도 연습을 하지 않으면 굳어 버려요. 그렇다고 머리로 공을 받는 연습을 하란 얘기는 아니에요. 생각하고, 상상하고, 추리하고, 셈을 하는 머리 쓰기를 평소에 열심히 연습해 두어야 한다는 거예요.

머리 연습을 하는 방법엔 여러 가지가 있어요. 날마다 퍼즐을 풀어도 좋고요. 아주 색다른 문제들을 풀면서 새롭게 생각하는 연습을 하는 것도 좋아요. 늘 머리를 깨어 있게 해야 돼요.

이렇게 연습해 봐요.

축구공으로 수학 공부 축구공은 자세히 보면 오각형과 육각형 모양 조각들로 이루어져 있어요. 오각형은 몇 개, 육각형은 몇 개일까요?

콜라 마시며 수학 공부 단숨에 콜라를 반쯤 마셔요. 그리고 남은 콜라의 부피를 구하려면 어떻게 해야 할지 생각해 봐요.

바둑 두며 수학 공부 바둑알로 알까기만 하지 말고, 삼각수와 사각수를 만들어 봐요. 한 줄씩 더 늘어놓을 때마다 수가 얼마씩 커지는지 세어 봐요.

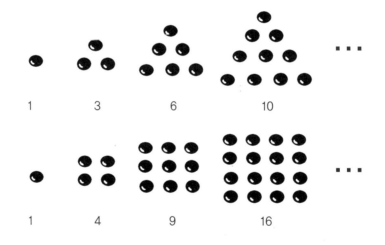

"머리 쓰는 연습을 하지 않으면 머리가 굳어요. 머리가 돌이 되는 걸 바라지 않는다면, 머리 운동 시작!"

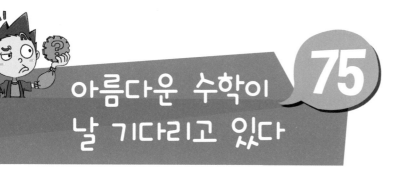

공자 말씀 중에 '아는 건 좋아하는 것만 못하고, 좋아하는 것은 즐기는 것만 못하다.'는 말이 있어요. 이게 무슨 말일까요?

공부를 할 때 알려고만 하는 사람, 즉 점수만 신경 쓰는 사람보다는 공부를 좋아하는 사람이 더 낫다는 말이에요. 또 좋아하기만 하는 사람보다 더 나은 건, 공부를 즐기는 경지에 이른 사람이라는 이야기예요.

짧은 경주에서는 '잘 아는' 사람이 이길지도 몰라요. 하지만 긴 경주에서는 '즐거워하며' 공부를 했던 사람이 이기게 된답니다. 오래도록 잘하고 싶다면 공부를 즐겨요.

수학은 얼마든지 즐겁게 공부할 수 있는 학문이에요. 재미있는 퍼즐을 보면 도전 의식이 생기지요. 세상에 대한 호기심을 수학으로 풀어 가는 재미도 아주 쏠쏠하답니다.

아름다운 수학도 많이 있어요. 수학이 딱딱하고 칙칙하다고 느끼는 친구는 아름다운 수학을 만나 봐요. 숫자와 기호로 가득 찬 수학에 무슨 아름다움이 있냐고 묻고 싶은가요?

규칙적인 모양으로 아름다운 무늬를 만들어내는 것도 수학이에요. 숫자를 인도에서 유럽으로 전해 준 아라비아 사람들은 멋진 페르시아 양탄

자를 만들어 냈어요. 아라비아 사람들은 언제나 수를 가까이 하며 살았기에, 수학으로 아름다운 무늬를 만들 수 있다는 걸 알았던 거예요.

요즘 수학자들은 뭘 만들고 있는지 아세요? 컴퓨터로 아름다운 무늬 만들기에 푹 빠져 있답니다. '자기닮음도형'이란 거예요. '자기닮음도형'은 모양이 자기랑 닮은 새끼를 만들 듯 자꾸 쪼개지며 퍼져 나가는 거랍니다.

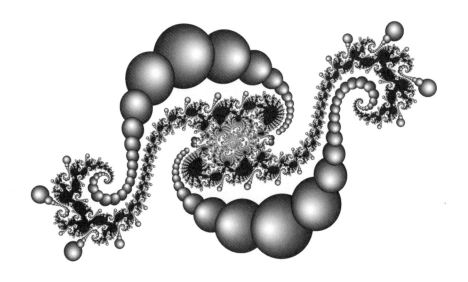

'자기닮음도형'으로 만든 아름다운 무늬를 감상해 봐요. 수학이 아름답지 않다고는 감히 말하지 못할 거예요.

아직도 재미있고 아름다운 수학이 많이 남아 있어요. 미처 다 캐내지 못한 보물섬의 보물처럼 잔뜩 쌓여 있답니다. 이 보물들을 찾아 봐요. 아름다움을 즐기며 최후에 이긴 사람이 되어 보도록 해요.

수학이라는 색안경을 끼고 두리번거려 봐

빨간 색안경을 끼고 둘러보면 세상이 온통 빨개요. 파란 색안경을 끼고 보면 파랗고요.

수학이라는 색안경을 끼고 둘러봐요. **세상은 온통 수학으로 가득 차 있어요.** 아이스크림 콘은 원뿔 모양이에요. 콜라 캔은 원기둥이지요. 주사위는 직육면체랍니다.

텔레비전에서 나오는 말들도 가만히 들어 보면 수학 이야기가 들어 있어요. 뉴스에서 앵커가 말해요. "올해 경제 성장률이 3%에 머물렀습니다." 3%가 뭔지 알고 있나요?

퀴즈 프로를 볼 때면 머리셈으로 상금을 계산해 볼 수 있어요. 운동 경기를 볼 때에도 점수를 계산해요.

어른들이 하는 이야기 속에도 가끔 수학이 들어 있어요. "로또 복권에 당첨될 확률은 0에 가깝대." 확률이 뭔지 어른들게 여쭈어 봐요. "대학 경쟁률이 4 : 1이래." 말 속에 들어 있는 수학이 들리나요?

공을 차고 놀거나, 피자를 먹을 때, 타일이 깔린 바닥 위를 걸을 때에도 수학 공부를 할 수 있어요.

"공은 왜 모두 동그랗게 생겼을까?"

"피자 한 판은 여덟 조각인데, 네 명이 나누어 먹으려면 몇 조각씩 먹을 수 있나?"

타일 깔린 바닥 위를 걸을 때면 바닥의 무늬를 자세히 들여다봐요. 무늬가 어떤 규칙을 가지고 반복되는지 찾아 봐요. 벽지 무늬에서도 규칙을 찾아요.

수학 색안경으로 보면 세상 속에서 수학이 자꾸 보여요. 무심코 들어 넘기던 이야기들도, 보아 넘기던 무늬도, 수학이라는 색안경을 끼고 보면 달라 보일 거예요. 세상의 모든 것이 수학으로만 보인다면 이제 색안경을 벗어도 좋아요. 그때쯤이면 아마 수학 천재가 되어 있을 테니까요.

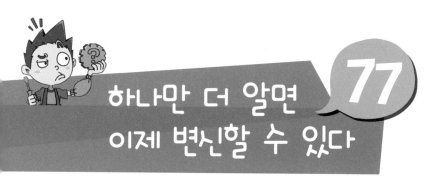

하나만 더 알면 이제 변신할 수 있다

77

나름대로 진짜 열심히 공부했는데 문제를 풀면 자꾸만 틀릴 때, 여기까지 공부하면 되겠지 싶었는데 더 어려운 게 자꾸만 나타날 때, 그만 딱 멈추고 싶어지죠?

그럴 때면 주문을 외워 봐요.

"하나만 더 알면 변신할 수 있다!"

꼬마 마법사도 힘들어서 마법 공부를 그만 멈추고 싶을 때가 많답니다. 하지만 거기서 그만두면 결정적인 순간에 마법을 쓰지 못해 나쁜 몬스터에게 당하고 마는 수밖에 없어요. 하나만 더 알면 변신할 수 있는데 말예요.

하나만 더 알면 수학 천재도 될 수 있고, 멋진 과학자가 될 수도 있어요.

나눗셈에 분수, 비례까지 공부하고 나서도 하나 더 알아야 하는 순간이 와요. 중학교에 올라가 방정식을 배웠는데도 하나 더 배우라고 해요. 고등학교에 가서 함수를 공부했는데도 또 하나 더 알아야 한다고 그래요. 그럴 때마다 주문을 외워요.

"하나만 더 알면 변신할 수 있다!"

그렇게 견디며 하나씩 공부할 때마다 우리는 알에서 애벌레로, 애벌레에서 번데기로, 그러다 어느 순간에 아름다운 나비로 변신하게 되는 거예요. 처음엔 수학 100점, 그 다음엔 수학 영재, 그리고 어느 순간에는 훌륭한 과학자나 암호 전문가가 되어 있을지도 몰라요.

노벨상을 타기 전 퀴리 부인이 남긴 한 연구 노트 귀퉁이에 이런 글귀가 쓰여 있었어요.

"실내 온도, 6도!!!!!!!"

얼마나 추웠으면 느낌표를 일곱 개나 찍었을까요? 퀴리 부인은 그렇게 추운 방에서 연구했고 마침내 위대한 과학자가 되었지요.

수학 공부를 잘하는 마지막 비법은 바로 이것이에요.

"아무리 어려운 일이 닥쳐도 포기하지 않는 것, 도전하고 또 도전하는 것!"

그 다음에 기다리고 있는 것은 마법사가 되는 일일지도 모른답니다. 지구를 구하는 마법, 사람들을 행복하게 하는 마법 말이에요.

자, 멈추지 말고 뚜벅뚜벅 계속 가는 거예요!

19. 색칠 공부 삼 년이면 수학 도사

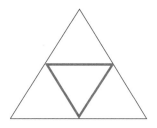 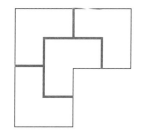

25. 상상의 힘으로 뒤쪽을 보라

▶ 세 면에 노란색이 칠해진 것:

꼭짓점에 있는 것들이다. 8개

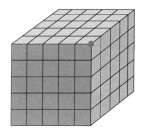

▶ 두 면에 노란색이 칠해진 것:

모서리에 있는 것들이다. 36개

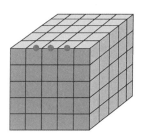

▶ 한 면에 노란색이 칠해진 것:

꼭짓점과 모서리를 빼고 바깥쪽에 있는 것들이다. 54개

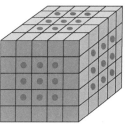

▶ 칠해지지 않은 것:

가로, 세로, 높이 모두 한 겹씩 벗겨내고 안쪽에 있는 것들이다. 27개

27. 어려워? 자꾸만 표를 그려 보는 거야

	보통 피자	야채 피자	감자 피자
나나	X	X	O
통통	X	O	X
똘이	O	X	X

43. 재미난 퍼즐이 생각 힘을 쑥쑥 키워 준다

▶ 숫자 퍼즐:

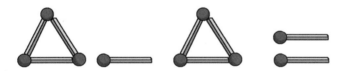 = 1000

▶ 성냥개비 퍼즐:

▶ 농담 퍼즐: 한 마리도 없다. 총소리에 놀라 모두 날아갔다.